# 子どもの自己調整スキルを磨く

横田富信

個別最適な学びと協働的な学びを根底から支える

東洋館出版社

# はじめに

授業づくりも学級づくりも、試行錯誤の連続です。

あるときは、〝どの子もしっかり学んでいけるようにしなきゃ〟と思って学習規律を徹底してみる。またあるときには、〝子どもには主体的に取り組んでほしい〟という願いから学習計画づくりを子どもに委ねてみる。〝教育に正解などないんだから〟と考えて、いろいろと試してみるのだけど、そうするほどに子どもの表情が硬くなっていく…。

教師としては、切ないジレンマですよね。

ここで指摘したいことは、教師による試行錯誤そのものの是非ではありません。その試行錯誤が、子どもの目にどう映っているかです。

次のシチュエーションを考えてみましょう。

「なにかわからないことがあったら、先生に質問するんですよ」と言われたから聞きにいったのに、「それくらい自分で考えなさい」と言われてしまった…。

「Aについて考えたことを自分の言葉でまとめてください」と言われたからそのとおりにしたのに、「Bについてもちゃんと触れないとだめですよ」と言われてしまった…。

こんなとき、子どもはどう思うでしょう。戸惑うのはもちろんですが、理不尽にさえ感じるのではないでしょうか。

このような指示を与えられる状態を「ダブルバインド」（二重拘束）と言います。よほど気をつけていないと、つい行ってしまうことの一つです。

子どもの自由な考えや発想に期待しながら、その考えや発想が自分の意に添わないからとうっかり否定してしまえば（あるいは、自分の指示どおりに振る舞うことを暗に要求してしまえば）、子どもは自分の考えを表に出さなくなります。

「うちの学級の子どもたちは、学習に対して前向きじゃないんだよなぁ…」

こんな悩みをもっている先生方は少なくないと思います。その原因がもし、教師によるダブルバインドにあるのだとしたら？　教師にとっても子どもたちにとっても、苦しいに違いありません。

ここで紹介したいのが、中教審による次の指摘です。

> これからの学校教育においては、子供がＩＣＴも活用しながら自ら学習を調整しながら学んでいくことができるよう、「個に応じた指導」を充実することが必要である。
>
> （中央教育審議会答申「『令和の日本型学校教育」の構築を目指して』令和３年１月）

ここで言う「個に応じた指導」とは、これまでの指導観とは少しばかり趣の異なる延長線上に位置づきます。すなわち、これまでよりもさらに教師によるかかわりを手厚くするというよりも、教師によるかかわりを最小限に抑え、子ども自らが「ICTも活用しながら自ら学習を調整しながら学んで」いけるようにするということです。

そのために求められるのがサポート力であり、子どもが学習を自己調整するスキルを磨ける枠組みをつくることです。そうすることできれば、子どもはよりいっそう主体性を発揮しやすくなり、ひいてはダブルバインドを抑止することにもつながります。のみならず、学習に対する価値意識を高め、自信をもって学習に取り組み、自己効力感を高めていけるのではないかと考えています。

子どもの主体性に価値を見いだしながら、どうすればよいのかがわからずに悩んでいる先生方、自分なりにチャレンジしているものの手応えを得られずにいる先生方に、ぜひ知ってほしい。そんな思いから本書を上梓しました。

*

第1章では、「自己調整学習の有用性を根拠づける考え方」を紹介します。

「価値観の多様性」「エージェンシー」「振り返り・自己評価」「自己調整学習」「協働的

な学び」について概観し、それらが「学習の自己調整スキル」とどのように結びつくのか、ＩＣＴ活用との関係においてはどうかについて述べます。

第２章では、「学習を自己調整する子どもの姿」を紹介します。教科の事例（国語・算数・体育・社会）や、教科外の事例（学活・席替え・学級目標の実現）を紹介しながら、子どもたちがどのように学習を自己調整するのかについて述べます。

第３章では、「子どもの自己調整スキルを磨く教師の手だて」を紹介します。具体的には「ＩＣＴ活用」「１枚ポートフォリオ」「振り返りのルーティーンづくり」「集団としてのあり方の共有」「自己評価の基準」「教師のかかわり」について述べます。

本書を通して「自己調整学習」へのイメージが膨らみ、先生方のチャレンジを後押しするきっかけとなりましたら幸いです。

令和６年２月吉日　横田　富信

【目次】

はじめに 002

第1章 自己調整学習の有用性を根拠づける考え方

子どもが活きる・活かす学習観 013
学習に対する責任を果たすエージェンシー 020
自己評価（振り返り）が、その後の学びに寄与するために必要なこと 024
自己調整学習の考え方 028
1 自己調整学習の段階 030
2 自己調整学習のサイクルを支える要素 031
協働的な学び 036

第2章 学習を自己調整する子どもの姿

相互評価を生かして自己評価スキルを育てる 044
1 国語「書写」 045

2　体育「マット運動」　049
子ども自身の手で授業をつくり上げる自学スタイル　052
1　算数「小数」　054
2　国語「モチモチの木」　057
3　国語「一つの花」　060
学びの「責任」「協働」「こだわり」のある社会科学習　063
協働的な学びを通して考えを練り上げていく姿　066
自分の学習に責任を果たしてさらなる向上を図る姿　078
調べる順番に自ら意味をもたせ追究する姿　090
前単元とのつながりを意識しながら追究の幅を広げる姿　112
「個別追究」に取り組んだ子どもたちのとらえ　132
明確な役割意識に基づいて自己調整を行う係活動の取組　134
自己調整をかかわり合いに生かす　142
1　自分の成長につながる目標を設定し、改善を図ろうとする場面　142
2　自分たちで席替えを行い、学習環境を整えようとする場面　148

## 第3章 子どもの自己調整スキルを磨く教師の手だて


ICT活用がもたらした学習のバリエーション 156
1 多様な学習方法の提供 156
2 学習履歴の管理と可視化 163
3 興味・関心に基づく自主的・自発的な学習の促進 167
4 学習状況の把握・分析に基づく教師の支援 170
OPPAシートの活用 175
1 国語「モチモチの木」(3年生)におけるOPPAシートの活用 178
2 社会「水はどこから」(4年生)におけるOPPAシートの活用 182
振り返りのルーティンをつくる 191
1 「振り返り」を通して各時間をつなぐ 193
2 学習の進捗状況を振り返り、プロセスを意識できるようにする 198
集団としての学び方を共有できるようにする 206
1 学級目標の設定とその実現の場 210

2　学習構成をシンプルにする　216
3　学級目標に紐づける教師の価値づけ　222
自己評価と相互評価によって学習改善の糸口をつかむ　225
1　自己評価基準のもとで学習改善を図る（社会「水はどこから」）　226
2　相互評価を通して自分に合った学習改善の基準をつくる（国語「書写」）　232
自己調整学習と教師の手だての整理　236
学習方略にかかわる教師の関与　240
1　間違いに気づけるようにする　240
2　つまずきを見取る　241
3　クラスメイトの学びをモデル化する　242
4　子どもたちが自ら「問い」を立てられるように教師が導く　244
おわりに　246

# 第1章

# 自己調整学習の有用性を根拠づける考え方

古《いにしえ》より「授人以魚 不如授人以漁」という言葉があります。

その意味は、「人に魚を与えれば1日で食べてしまうが、釣り方を教えれば一生食べていける」というものです。学校教育になぞらえれば、「子どもが学び方を獲得できれば、自分の力で一生学びつづけていける」と読み替えることができるでしょう。

この「学び方を学ぶ」大切さを否定的にとらえる教師はいないでしょうが、その一方で、そうすることのむずかしさも実感しているはずです。私たち教師は（先々のことよりも「いま、苦労している目の前の子どもの姿」が気になるからです。

（自分が担任として直接的にかかわっていられるうちに）「漢字が苦手な子もしっかり書けるようにしてあげたい」「算数の文章問題が解けるようにしてあげたい」など、「いま、できていないこと」を「できるようにしたい」、「いま、わかっていないこと」を「理解できるようしたい」という思いが先行します。

こうした心情をもつことは、教師という仕事をつづけていくうえでとても大切なことだと思います。ただ、その一方で次のようにも考えられます。

それは、（直接的にはもちろん、間接的にも）その子にかかわれるのは卒業するまで。その先は、無事成長していけるよう祈ることしかできないということです。このような時間的・物理的な限界点があります。

このように考えればやはり、（たとえそれがどれだけむずかしいことだとしても、ＶＵＣＡ時代を生きていくことを見据え）**どの子も「自分のことは自分で育てていける」ようにすることが、これからの私たち教師に求められている**ように感じます。

そのために、なんとしても子どもに身につけさせたいスキルがあります。それが本書のテーマである「学習の自己調整スキル」です。

そこで本章ではまず、「自己調整学習」を根拠づける考え方を紹介しながら、これから先の教育を見据えられるようなマクロの視点を得られるようにしたいと思います。

## 子どもが活きる・活かす学習観

教育社会学の分野で活躍する松岡氏（２０２２）は、教師について「現行の学校教育と親和性が高い人たちが教職を選び採用されてきた」「自己と他者による選抜というふるいにかけられているので、職業集団としての教員は、各年齢層の『平均的』な人とはならない」と分析しています。[①] この指摘を、私なりに解釈してまとめてみます。

①東洋経済オンライン「先生になる人の傾向に見る『教育格差』問題の盲点、現場に必要な教育社会学―教育格差の実態とメカニズムを学ぶべき理由」 https://toyokeizai.net/articles/-/641214

教師は、子どものころ、学校や教師に対してポジティブなイメージをもった人々である（学校教育が自分の性分に合っていた）。だからこそ、教職をめざすインセンティブをもっている。また、教師は教員免許の取得が義務づけられていることから、大学教育等を通じて一定の教育水準を身につけている必要がある。このことは教師としての資質・能力の獲得に不可欠である一方、そうであるがゆえに、さまざまな背景をもつ子どもたちとの乖離が生まれてしまう。

別の言い方をすれば、「不特定多数の子どもとの対比において、教師はある意味、マイノリティな存在である（平均的ではない）」ということです。この点に立脚するならば、かつて小学校時代や中学校時代に自分が見開きしてきた価値観（授業観、学習観など）をそのまま学級にもち込んでも、うまくいかないことのほうが多いと考えることができます。

その一方で教師は、教科書を活用しながら、学習指導要領が掲げる「目標」実現のために定められた「内容」を指導することが法的に義務づけられています。そのため教師は、子どもたちとの乖離があることを前提としながら、それでいて乖離を埋めるのではなく、子ども一人一人が自律的・自立的に成長していけるよう背中を押していくことが求められます。

つまり、学級のなかで平均的ではない教師である自分が、さまざまな背景をもつ子どもを導いていかなければならないということであり、これは、いつの時代もたいへんむずかしい課題です。

なぜなら、「とにかくも『内容』を教え込めばいい」というわけにはいかず、そうかといって「子どもに任せればいい（放置放任でいい）」というわけにもいかないからです。では、どのように子どもとかかわっていけばよいのでしょうか。

端的に言って「子どもがよりよく生きていくために欠かせない汎用性のある学習観に基づくほかない」と私は考えています。

具体例を挙げると次のとおりです。

- 自ら問いを立てて解決を目指すこと。
- 見通しをもち、最後までやりきること。
- 他者と協力し、自分と周囲にとってよりよい結果をもたらすこと。
- 振り返り、よりよい方法を見いだすこと。
- 自己効力感を得て、前向きに生活すること。

教師としては、子どもが自分自身を拠りどころとして学んでいけるよう、右に挙げた価値観に基づいて学習を構成することが本当に大切だと思います。

そして、子ども自身もまた、右に挙げたことを価値だとみなし、自ら学習を進めていけるようになれば、「明日も学校に行きたい」という気持ちが高まり、「なぜ、毎日学校に行かなければならないのか（あるいは、勉強しなければならないのか）」などとわざわざ自問する必要もなくなります。

こうしたことからも、「自分なりの学び方を身につけること」が、学級をつくるうえでも重要な鍵を握ります。そのためにも、教師としての矜持を押しつけるような指導であってはいけないのだと思います。

そうはいっても、（語弊を承知のうえでいえば）全国どの学級においても、子どもたちにとって教師は、絶対的な権威者であることに変わりありません。子どもの思いや行為への評価者であり、なにか揉めごとが起きた際の調停者であり、場合によっては裁定者でもあり得る存在です。

そのため、いくら子どもの自主性を尊重するといっても、それは教師が描いた円の内側にとどまる限り許されるものにすぎず、そこから一歩でも外れれば否定されます。「もうちょっと違う方法はない？」「もう少し考えてみて」「先生は、そういうの、あまり好きではないなぁ」などと直接的ではない、やさしい口調を工夫したとしても、否定には違いありません。

（授業も含む）学級にかかわる事柄の最終決定権者もまた教師です。たとえば、子どもたちが話し合って決めたことに対して教師が行う「みなさん、それでいいですか？」といった確認の言葉かけなども、〃じゃあ、私の権限で決済しますね〃と暗に言っているようなものです（もっとも、教師のお墨付きをもらえること自体は、子どものほうにとってはありがたいようです）。

こうしたことから、教師が正しいと信じ込んでいる価値観以外は許容しないといった姿勢を見せてしまえば、子どもはその教師の価値観にとらわれてしまうでしょう。たとえ、その価値観がどれだけすばらしいものであったとしても…です。

もし、その価値観に沿って考えたり行動したりすることができない子どもであれば、萎縮して主体性を発揮できなくなるはずです。あるいは、たとえ能力的には適応できたとしても、その価値観に意味を見いだせない（「価値観を押しつけられている」と感じている）子どもであれば、教師に対して反発心を抱くようになるでしょう。このように、自分たちを担任する教師のもつ影響力は（よくも悪くも）絶大だということです。

こうしたことを踏まえ、「子どもたちに対して、教師がどのような価値観をどのように提示するのが望ましいか」という問いをもつことは非常に重要です。学級の方針や運営にも大きな影響を及ぼします。

また、2021年に公表された中教審答申②（以下、「令和答申」という）が提起する「個別最適な学び」においても「価値観の多様性」を重視しており、次のように定義しています。

**【指導の個別化】** 子供一人一人の特性・学習進度・学習到達度等に応じ、教師は必要に応じた重点的な指導や指導方法・教材等の工夫を行う。

**【学習の個性化】** 子供一人一人の興味・関心・キャリア形成の方向性等に応じ、教師は一人一人に応じた学習活動や課題に取り組む機会の提供を行う。

たとえば、学級全体で追究しようとする課題があった場合、これまでは（教師が考えたものであれ、子どもたちが話し合って決めたものであれ）どの子も決められた一つの学習方法に依拠して学んできました。

それに対して「個別最適な学び」においては、その子に適した学習を充実するために、たとえば自分で取り組む順番を決めたり、取り組む方法を選んだり、学習時間のかけ方を変えたりするといった（一人一人異なる）学習方法も視野に入ります（どの教科・どの時間においても自由進度的な学習にしなければならないわけではない点に注意が必要です）。

いずれにしても重視すべきは、教師としてどのような授業をめざすのか、目の前の子どもはどのような価値観をもっているのか、学習の実態はどうかなどを勘案しながら、子どもたちと共に最適な学び方を考えていくことだと思います。

この重要性は、従来型の学習方法であれ、プロジェクト型学習であれ、自由進度学習であれ、探究的に学んでいくうえで変わらないはずです。そのためにも、子どもが自分の学習を俯瞰し、振り返りによって言語化し、自分にとってよりよい学びを模索していける「自己調整スキル」を身につけることが欠かせないのだと思います。

これからの教師に求められるミッションは、子どもたちの多様な価値観を尊重し合える学級と授業をつくっていくことです。異なる価値観が共存し、互いに尊重されるようになれば、おのずと自己効力感が高まり、子どもたちは自分にとって最適な居場所を学級のなかに見いだすことができるでしょう。

②中央教育審議会答申「『令和の日本型学校教育』の構築を目指して～全ての子供たちの可能性を引き出す、個別最適な学びと、協働的な学びの実現～」２０２１年

# 学習に対する責任を果たすエージェンシー

これからの社会を生き抜くために必要な能力として、２０１８年にＯＥＣＤが打ち出した概念の一つに「エージェンシー[③]（Agency）」があります。この「エージェンシー」を発揮した「子どもの姿[④]」を次のように説明しています。

「変化を起こすために、自分で目標を設定し、責任をもって行動する能力」

- 目標を設定すること。
- 目標達成に向けて計画すること。
- 自分が使える能力や機会を評価したり振り返ったりすること。
- 自分をモニタリングすること。
- 逆境を克服すること。

また、次の説明も加えられています[⑤]。

生徒エージェンシーは、アイデンティティーと所属感の発達に関連しています。エージェンシーを育むとき、生徒はモチベーション、希望、効力感、そして成長する思考態度（能力や知能は発達可能であるという理解）を支えとしてウェルビーイングの方向へと指針を合わせます。こうすることで生徒は目的意識を持って行動することができ、社会に出ても活躍できるようになるのです。

※ＯＥＣＤは、「ウェルビーイング」とは「生徒が幸福で充実した人生を送るために必要な、心理的、認知的、社会的、身体的な働きと潜在能力」であるとしています。[⑥]

ＯＥＣＤの考え方によれば、どのような学習活動においても自分自身の意思を介在させることによって自己効力感が高まり、心理的安全性のなかで意欲的に学習活動に取り

③中田正弘先生（白百合女子大学教授）は「エージェンシー」に着目し、社会科における「個別最適な学び」と「協働的な学び」の一体的な充実の推進を進めている（２０２３年の全国小学校社会科研究協議会東京大会代沢会場にて研究成果を報告）。

④白井俊「OECD Education 2030 プロジェクトが描く教育の未来：エージェンシー、資質・能力とカリキュラム」２０２０年、ミネルヴァ書房、79～81頁

⑤「２０３０年に向けた生徒エージェンシー（Student Agency for 2030 仮訳）」5頁
https://www.oecd.org/education/2030-project/teaching-and-learning/learning/student-agency/OECD_STUDENT_AGENCY_FOR_2030_Concept_note_Japanese.pdf

⑥ベネッセ教育総合研究所「教育用語解説　ウェルビーイング」https://benesse.jp/educational_terms/12.html

組んでいけるようになると考えていることがわかります。

その先にあるのは、どの子も自分や学級（などを含めた周りの環境）のなかで享受し得るウェルビーイング（広義の意味での幸福で充実した生活・心的状況）でしょう。このように整理すれば、「令和答申」で提起されている『個別最適な学び』と『協働的な学び』の一体的な充実」との共通性を見いだすことができそうです。

ここで、前述したエージェンシーの定義を整理してみましょう。

**【目的】**変化を起こすこと。
**【そのために必要なこと①】**自分で目標を設定する能力
**【そのために必要なこと②】**責任をもって行動する能力

「責任」という言葉から私たちが真っ先に思い浮かべるのはおそらく、「自分に課された責務を全うすること」でしょう。この場合の責任の所在は自分にありますが、責任を果たす対象は、自分が所属する集団であり、他者です。

それに対してエージェンシーが求める「責任」は、少々趣が異なります。自分が決めた目標実現に向かって挫けることなく努力しつづける責任、仲間と自ら主体的に協働する責任[⑦]、よりよい成果を生み出す責任であり、言うなれば「自分自身に対する責任」を求めるものだからです。

これは、拙著でも取り上げた「学習のフリーライド」とも関係してきます（『社会科が得意な先生・子どもも、苦手な先生・子どもも、授業がおもしろくてたまらなくなる本』東洋館出版社、2022年）。

もし、傍目には学習に参加しているように見えていて、実際には自分からアクションを起こすことをせず、クラスメイトが生み出した成果に便乗するといったこと（学習のフリーライド）が常態化してしまえば、（フリーライドする子どもはもちろんのこと）主体的に学習している子どもさえもエージェンシーを発揮することがむずかしくなり、だれもウェルビーイングを享受できなくなることでしょう。

やるべきことを自分で決め、（個としてはもちろん集団と共に学ぶ）学習の過程と成果をつくる自分自身に対して責任を果たす。（たいへんむずかしいことですが）このような姿であってこそ、「エージェンシー」を発揮した学習が生まれるのだと思います。

⑦前掲④（白井2020、92―93頁）
ここでは「自分で目標を設定してその実現に向けて取り組んだり、あるいは、そのために自らの行動を律していくことができるのは、周囲との関係性があるがゆえとも言える」と示され、「共同エージェンシー」だと説明されている。

# 自己評価（振り返り）が、その後の学びに寄与するために必要なこと

自己評価（振り返り）は、学習を自己調整するうえで欠かせない活動であり、その重要性はあらゆるところで繰り返し述べられているとおりです[⑧]。「小学校学習指導要領解説総則編」[⑨]においても、同様の記述を見つけることができます。

その効果は、以下の3つに整理できると考えています。

①自分で自分を伸ばす力を得るようになること。
②他者の視点を得られるようになること。
③自信をもてるようになること。

一つ一つ見ていきましょう。

## ①自分で自分を伸ばす力を得るようになること

子どもたちは、自己評価を通じて、自分自身の学びの成果や課題、自分自身の理解の

仕方を含んだ特性について認識を深めることを通して、学習を改善する方向性を見いだせるようになります。

自分自身の強みや弱みを理解できれば、目標実現のために必要となる情報はなにか、どのようなスキルが求められるかに対して自覚的になり、自分が実現したい目標がよりクリアになります。この過程が子どもの学習意欲をさらに高めます。

**②他者の視点を得られるようになること**

安彦氏は「自己評価をするということは、自分のなかに他者の視点をもつことだ」といった趣旨のことを述べています。このことは、自己評価が子どものメタ認知スキルの向上に寄与することを示しているものだと考えられます。

**③自信をもてるようになること**

自己評価というと、つい自分がだめなところ、足りないところなど「課題を挙げることだ」と考えがちですが、それだけでは自己評価の視野が狭くなります。「うまくいったこと」「おもしろかったこと」「がんばったこと」「もっとやってみたいと思ったこと」な

⑧安彦忠彦「自己評価『自己教育論』を超えて」日本図書文化協会、1987年

⑨文部科学省「小学校学習指導要領解説　総則編」では、「児童が自主的に学ぶ態度を育み、学習意欲の向上に資する観点から、各教科等の指導に当たり、児童が学習の見通しを立てたり学習したことを振り返ったりする活動を計画的に取り入れるように工夫することが重要である」と指摘している（88頁）。

ど、成功体験を振り返ることも、自己評価の重要な対象です。

加えて、「なんとか乗り越えられたけど、○○のところはむずかしかった」「□□という工夫をしたことが成果につながった」「予想したこととは違っていたけれど、なぜ違ったのかが理解できた」など、学習のプロセスを振り返ることも大切でしょう。

適切な自己評価は、その子の「自己効力感」を高め、〝これなら自分の力で学んでいけそうだぞ〟といった自信をもたらします。この自信は、得意分野や独自性に対する自覚、課題解決への積極性の源泉となるものです。

ただし、気をつけなければならないこともあります。

言うなれば、自己評価は自分の行ったことの解釈です。どう解釈するかは、その子に委ねられます。結果、自分にとってのみ都合のよい解釈をしてしまうこともあるということです。

たとえばあるとき、「大声で自分の言いたいことをまくしたてたらクラスのみんなが自分の言い分を聞き入れてくれた」といった出来事があったとします。この出来事をもし、次のように解釈（自己評価）してしまったとしたらどうでしょう。

［自分の主張を通すために必要なこと］＝［大声を出すこと］＋［まくしたてること］

言うまでもなく、協働的な学びはもちろん、個の学びも最適化されないでしょう。エージェンシーからも遠ざかります。

このことからもわかるように、その子の今後の学びにとって望ましい自己評価とするには適切な文脈が必要で、その前提となるのが「自分の決めた目標」の方向性です。「なんのためにその目標の実現をめざすか」が、自分自身の成長と集団としてのよりよいあり方の双方につながっていることが欠かせないのです。つまり、**子どもが設定した目標の方向性が適切であるかは、他者とのかかわりと切り離せない**ということです。

また、授業の最後に振り返りを書かせても、文末が「～して勉強になった（おもしろかった、たのしかった）」などと「感想」にとどまっていることに対して悩みをもっている方もいることでしょう。〝これでは、適切な自己評価になっていないのではないか〟と。

それに対して私は、振り返りが「感想」になっていること自体が問題であるとは考えていません。「感想」は、子どもがそのときの感情を思い出すのに有効だからです。

目を向けるべきは、子ども一人一人が自分の学習を自己調整できるスキルを身につけているかです。（時間はかかるかもしれませんが）こうしたスキルが身についてくれば、「感想」だけではない振り返りが見られるようになるでしょう。

# 自己調整学習の考え方

　ここではまず、国立教育政策研究所『「指導と評価の一体化」のための学習評価に関する参考資料　小学校社会』（2020年）のなかから「主体的に学習に取り組む態度」の評価にかかわる記述を引用します。[10]

(3)　主体的に学習に取り組む態度

　主体的に学習に取り組む態度については、知識及び技能や、思考力、判断力、表現力等を身に付けることに向けた粘り強い取組を行おうとする側面と、粘り強い取組を行う中で自らの学習を調整しようとする側面について、「主体的に取り組む態度」として評価規準を作成する。

（傍線は筆者）

加えて、学習状況をとらえるための2つの場面を例示しています。

●学習問題の追究・解決に向けて見通しをもとうとしている場面

●問題解決に向けて、自らの学習状況を確認したり、さらに調べたいことを考えようとしたりする場面

これらは、子どもが自分で計画を立てたり、学習方法を修正したりする姿であり、子どもの主体性がうかがわれます。このように、「主体的に学習に取り組む態度」を評価するためには、子どもが（傍線部の）「自らの学習を調整しようとする」姿を見取ることが欠かせないことがわかります。

この評価のむずかしさは、教師がすべてを仕切る授業では見取りようがない点にあります。子どもの意志が発揮される場面が生まれないからです。

ここで紹介したいのが「自己調整学習」[11]です。これは、教育心理学の分野で１９８０年代から主張されるようになった学習理論の一つです。

自己調整学習には３つの段階と、それを支える３つの要素があります。

⑩国立教育政策研究所『「指導と評価の一体化」のための学習評価に関する参考資料　小学校社会』２０２０年、37頁
⑪Ｂ・Ｊ・ジマーマン・Ｄ・Ｈ・シャンク編、塚野州一、伊藤崇達監訳『自己調整学習ハンドブック』２０１４年、北大路書房

## 1　自己調整学習の段階

①予見段階

学習の目標や計画を立てる段階です。この段階では、目標や計画が絵に描いた餅にならないよう、子ども一人一人が学習の見通しをもてるようにし、自ら学んでいこうとするモチベーションを高めることに注力します。

②遂行段階

問題（課題）解決に向けて自身がもつ知識やスキルを活用して取り組む段階です。その際、①の「予見段階」で立てた学習の目標や計画を確認しながら、自分の学習状況を分析します。その結果、思うように学習が進んでいないと判断されたら、学習環境を工夫することを考えます。

③自己内省段階

自己評価を行う段階です。学習の目標に基づき、どれだけ実現できたかなど、自分の学習の成果と課題を洗い出します。その内容に応じて取組を継続するか改善するかを考えます。この段階で検討したことを①の「予見段階」につなげることで、学習のサイクルが回っていきます。

## 2　自己調整学習のサイクルを支える要素

### ①動機づけ

目標を設定したり学習の見通しをもったりするためには、「その学習を行うことは、自分にとってどのような価値があり得るのか」を子どもなりにつかんでいる必要があります。そのために必要となるのが動機づけです。

ただし、それほどむずかしく考える必要はありません。〝〇〇についてわかったら、なんだかおもしろそうだぞ〟というくらいの学習に対する期待感で十分です。

### ②学習方略（認知）

いくら目標を立てたとしても、どうやって実現すればよいか、その道筋や方法を具体的にイメージできなければ、学習を進めていけなかったり、目標実現とはかけ離れた学習となったり、ただただ迷走したりします。

### ③メタ認知

「自分の学習はどこまで進んでいるか（進捗）」「どれくらいうまくいっているか（成果）」「足りていないことはなにか（課題）」をつかんでおくことが必要です。これを「モニタリング」と言います。

また、モニタリングを通して感じ考え、わかったことをもとにして、つど自分の行動を改善していくことも必要です。これを「コントロール」と言います。

この自己調整学習の理論は、「エージェンシー」や「自己評価（振り返り）」とかかわりがあります。密接に連関していると言って差し支えないでしょう。

さて、ここまで読んでいただいて、「自分の力で学習を自己調整しながらエージェンシーを発揮していくことなど、本当に子どもにできるものなのか」と思われた方もいるかもしれません。それに対して、私は「できます」と断言することができます。「教師による適切なかかわりがあれば」という但し書きつきで。

ではなぜ、そう言い切れるのか。それは、（教師のサポートがあろうとなかろうと）そもそも子どもは、どのような学習に対しても、自分の頭のなかで当たり前のように自己調整を行っているからです。

例を挙げます。

①うまくいった？
②いや、うまくいかなかった…。
③それって、なんでだろう。

⑤そういえば、前にも同じような学習があったような…（同じような問題でつまずいたような…）。
④もしかして、こういうこと？
⑤違うかな？
⑥隣のAちゃんはどうやってる？
⑦なるほど、そういうことか！
⑧じゃあ、今度は自分も真似してみようかな。
⑨いやいや、もう一度、自分の考えのとおりにやってみよう！
⑩やっぱりだめだ…。
⑪それなら、次はやり方をちょっと変えてみよう！

これは一例に過ぎませんが、およそどの子も、頭のなかでなにかしら自問自答を繰り返しながら学習を進めています。そのため、もともと学習の自己調整力が高い子であれば、自分なりに考えたり、クラスメイトとの対話を通したりしながら課題解決に向かっていけます。

それに対して、自己調整力が低い子であればどうでしょう。

③の段階で止まってしまったり、⑧の段階までは来られたものの、ただ真似をするだ

けの状態にとどまったりするかもしれません。それでは、傍目にはうまくいったかのように見えても、なぜうまくいったのか、当の本人はずっとわからないままです。

このように考えれば、これまで私たち教師は、（乱暴な言い方を許してもらえれば）「教えるべき内容をしっかり教えていればそれでよし」「理解できるかどうかは子どもの能力次第」「理解できていない子がいれば、また同じように教えればいい」といった調子で、子ども自身がどのように学習を進めていければ確かな理解に届くか、学習の「動機」「方略」「メタ認知」については子どもにほぼ任せっきりにしていた（意識的にはあまり関知していなかった）と言えるのではないでしょうか。

そもそも「『学習の自己調整』などという行為が、ある日を境に忽然と教育界に姿を現したわけではない。明確に言語化されていなかったというだけで、そもそも存在していたのだ」と考えるほうが、的を外さずに済むように思います。この点をより重視し、「教師が学習環境を整えたり、子どもが自己調整を行えるよう言葉かけを工夫したりすることに指導の軸を転換しましょう」ということなのです。

とはいえ、これまでの学習環境（トーク&チョーク）では、実現したくても十全にはできなかったという事情もあります。端的に言って、担任教師が一人きりですべての子どものニーズに合った個別の指導を行うことは時間的・物理的に不可能だったからです。

それが、現在では事情がすっかり異なりました。ICT活用が、どの子も自己調整学習を行える確度を劇的に上げてくれたからです。つまり、**教師のマンパワーによってなんとかするというのではなく、ICT活用によって子ども自らが自分のニーズに応じて学習を選択的に進めていける環境が整った**ということです。

重要なのはもちろんICTをどう活用するかにあるわけですが、上手に使えれば目の前の学習に対して試行錯誤するハードルをグンと下げてくれます。これは、「調べ学習などで便利だよね」というにとどまりません。思考ツール一つとっても、タブレット端末の画面上で自分のコメントを動かしたり瞬時に切り替えたりできるなど、発想次第で子どもはさまざまな活動を試すことができます。

加えて、自分が記録しておいた学習内容を次々と呼び出せるので、自分がなにをどう考えて学習してきたのか、学びの軌跡をたどりやすくなります（学習を振り返る際の資料として最適です）。結果、（前述した）「③自己内省段階」においても、適切に学習サイクルを回せるようになります。

このように自己調整学習の理論に基づいて学習を構成できるようにすることは、子どもが「エージェンシー」を発揮するうえでも、適切に「自己評価（振り返り）」を行ううえでも有用であることを理解いただけるのではないでしょうか。

# 協働的な学び

他者とのかかわりがもたらす学びの深まりがどのようなプロセスを経るのかについて、白水氏（2020）が興味深い考え方を提示しています。[12] 私の解釈に基づいて意訳すると次のとおりです。

①ある子どもが自分の考えを相手に伝える。
②相手はその考えに対して、コメントを返す。
③すると、最初に考えを発した子どもは、相手の口から自分の考えを再度聞くことになる。
④加えて、相手方のコメントには発言者の考えに対する客観的な視点が加わる。
⑤もともとは自分の考えでありながら、④の視点が加わることによって、もともとの考えを再構築するチャンスを子どもは得る。

端的に言えば、「相手がモニターの役割を果たしてくれることによって、発言者が新しい着想を得られる」ということです。

この考え方を実際の活動場面に置き換えると、次のような自己調整の道筋が見えてきます（社会科の学習を例にします）。

Aくんは、「自然条件と人々のくらし」の学習で、沖縄県における水資源について個人で調べている。

ひとしきり調べ終えたものの「沖縄では台風が多くて雨も降るはずなのに、なぜ屋根の上などにタンクを設置して水を貯めているのか」といった課題を解決できずにいた。

そこで、隣の席のBさんに自分の考えを聞いてもらって意見を求めたところ、Aさんの返答の最後に次のコメントが添えられた。

「そっかぁ、Aくんはそんなふうに調べていたんだね。ただ、わたしは北海道の地形について調べているから、沖縄のことはよくわからないなぁ。北海道は大きな川があったり人口密度が低かったりするから、水には困っていないみたいだし…」

この言葉を聞いたAくんはハッとして、〝沖縄県の地形って、どうなっていたんだっけ〟と思い立ち、調べ直してみると、（北海道とは異なり）「山地が少ない」「川が短い」「人口密度が高い」

⑫白水始『対話力―仲間との対話から学ぶ授業をデザインする！』東洋館出版社、２０２０年

という地形の特色に気づいた。

これは架空の例ですが、Bさんのコメントのおかげで、Aくんは沖縄県の地形に着目し、北海道とは異なる3つの特色があることを知ります。その後は、「なぜ、沖縄ではタンクに水を貯蔵しているのか」という課題に対して自力解決していけることでしょう。このように、対話を通して相手がモニターの役割を果たしてくれることによって、自分の学習を自己調整できる確度が上がることは間違いないと言えます。

加えて、宮田佳緒里氏（兵庫教育大学准教授）は、「自己調整学習」と「協働的な学び」との関連性に着目し、「相互調整学習」の有用性について次のように述べています[13]（兵庫教育大学のウェブサイトから引用）。

「協働的な学び」の一つの形態として、協調学習があります。協調学習では、答えが一つに定まらないような複雑な問題に、グループのメンバーが一緒になって取り組み、考えを練り合います。その時に、誰かがやるべきことをやらなかったり、関係ないことをし始めたりすると、グループとしての課題の進捗に支障をきたします。つまり、協調学習では、個々のメンバーが、最低限の自己調整ができていることが必要となります。

そのために、グループのメンバーは、自分の学習を調整しつつ、互いの学習にも気を配ることになります。そのように、互いの学習の調整を行いつつ学習を進めることを、相互調整学習（co-regulated learning）といいます。相互調整学習がうまく行えるグループでは、「そういうときは、こうすればうまくいったよ」などと、自己調整に関わる成功体験や知識、方略を友達同士で伝えあうといったことが行われるようです。調べ物などをグループ内で分担させる場合も、作業の途中で、メンバー同士でどこまでできたかを報告させ、うまく進まない時は一緒にやり方を考えさせるなど、相互協調学習を促す工夫をすれば、自己調整学習と協働的な学びがつながっていくと考えられます。

（傍線は筆者）

このように、相互調整学習においては、グループメンバーと「自己調整に関わる成功体験や知識、方略を友達同士で伝えあう」ことを通して、さらなる改善の視点を見いだせるようになると言います。その前提となるのが、「協調学習では、個々のメンバーが、最低限の自己調整ができていること」です。

⑬宮田佳緒里氏「「協働的な学び」と「自己調整学習」をつなげる工夫はありますか?」
https://ksm.hyogo-u.ac.jp/974/

このことは、「相互調整学習」においても、グループメンバーがフリーライドしてしまえば、その有用性が失われてしまうことを示しています。この点は、「エージェンシー」の項で紹介した「自分の学習に責任を果たすこと」とも相通ずるように思います。

いずれにしても、子どもが自分の学習を適切に自己調整するためには、個としてのアプローチを前提としながらも、他者とのかかわりが欠かせないと言えそうです。

＊

ここまで、自己調整学習にかかわる概念や理論を紹介してきました。こうした理論から読み解けることをまとめると、「個別最適な学び」「自己調整学習」「モニタリングとコントロール」「相互調整学習」はそれぞれ（表現の違いこそあるものの）本質的にはつながっており、目の前の子どもの学習状況に応じて適切に組み合わせることによってシナジー（相乗効果）が生まれるということです。

では、具体の実践において、子どもたちは自分の学習をどのように調整していくのでしょうか。この点については、第2章において具体的に論じます。

# 第2章

# 学習を自己調整する子どもの姿

学級では、およそ30人もの子どもたちが学校生活を共にします。「いつでも」「だれとでも」「仲よく」できれば、それに越したことはないのでしょうけど、そんなことはあり得ません。個性も体格も生育歴も家庭環境なども異なるさまざまな子どもたちです。（大なり小なり）毎日なにかしらのトラブルが起きます。

そんなとき、（教師である私に助けを求めるよりも先に）お互い声をかけ合いながら解決を目指そうとする姿を、私は幾度となく見てきました。それも、「悪かったのはだれか」「足を引っ張っているのはだれか」を特定して、糾弾したり謝らせたりするといったかかわりではありません。

「なんで、そうしてしまったんだと思う？」
「そのとき、どんなことを思っていたの？」
「いまのままで本当にいい？」

こんなふうに問いかけながら、トラブルを起こしてしまった子、うまくできなかった子に寄り添い、「どうすれば、よくなるのか」を一緒に考え合おうとするかかわりです。〝よくそんなふうにできるな、大人だってむずかしいだろうに…〟などと思うことがあるくらいです。

授業でもそうです。

解決がむずかしい課題と直面したとき、まずは自分の力でなんとかしようとします。それでもむずかしいときにはクラスメイトの力を借りて乗り越えていこうとします。どうやら、「自分のもつ力」や「自分たちのもつ力」を発揮して課題を解決することに価値を見いだしているかのようです。そんな姿を垣間見るたびに、「自己調整スキル」の発露を私は感じます。

とはいえ、こうした姿は、子ども任せにしていれば自然に生まれるものではありません。教師による適切な手だてが必要です。それにはさまざまなポイントがあるのですが、まず知っておきたいのは時間がかかるということです。一朝一夕にはいきません。雨水が大地を潤すようにじわじわと浸透していくものなのです。

そのため、最初のうちは〝こんなやり方で本当に効果があるのだろうか〟と疑問に思うこともあると思います。たとえ効果を感じられたとしても、たいしたものには思えないことだってあるかもしれません。しかしそれでもねばり強く、一つ一つの手だてを少しずつ積み重ねることが本当に重要です。

私は常々、考えていることがあります。

それは、「教師の手を離れた後も、自分たちの力で学びを進めていける子どもであってほしい」ということです。もしそうなれば、実社会に出て答えのない課題に向き合うことになってもあきらめず、自分の学びをアップデートしていける「自己調整スキル」の素地を、子どもたちは手に入れることができると思うのです。その具体的な手だてについては第3章で論じます。

本章ではまず、次に挙げる教科や教科外の学習において自己調整する子どもの姿を、実践ベースで紹介していきたいと思います（なお、子どもの記述にはところどころ誤字がありますが、生の姿としてそのままにしてあります）。

**【書写や体育】**　相互評価を生かして自己評価のスキルを高める姿
**【算数や国語】**　学級集団として学習を調整し、子ども自身の手で授業をつくり上げる姿
**【社会】**　4つの事例（5年、3年、4年）を基に、学びの責任を果たす姿、対話を通して自分の考えを自ら変容させる姿
**【特別活動】**　係活動を通して自ら目的や目標を生み出して個々の強みを発揮する姿、子どもがお互いにかかわり合いながら席替えを行う姿

# 相互評価を生かして自己評価スキルを育てる

## 1　国語「書写」

小学校3年生になると筆による書写がはじまります。

授業中、悪戦苦闘する子どもにアドバイスしたり、一緒に書いたりして、できるだけお手本どおりの字が書けるようにかかわります。しかし、筆で文字を書くというのはむずかしいものです。そう簡単にはいきません。正直なところ、私自身も得意ではないし、時間的制約から一人ずつ手取り足取りというわけにもいきません。

そこで考えたのが、「教師である私がすべてを教えることに固執しない」ということでした。「子どもが自分で自分を上達させられる方法を身につけられるようにできないものか」と考えたわけです。このような考えから試行錯誤した結果、現在は次の手順に則って学習を進められるようにしています。

①基本的な書き方を知る。
②試し書きをする。
③試し書きしたうちの1枚を選び、お手本と見比べながら「どうすればもっといい字になるか」をみんなで検討する。
④ペアでアドバイスし合う。

**資料1**

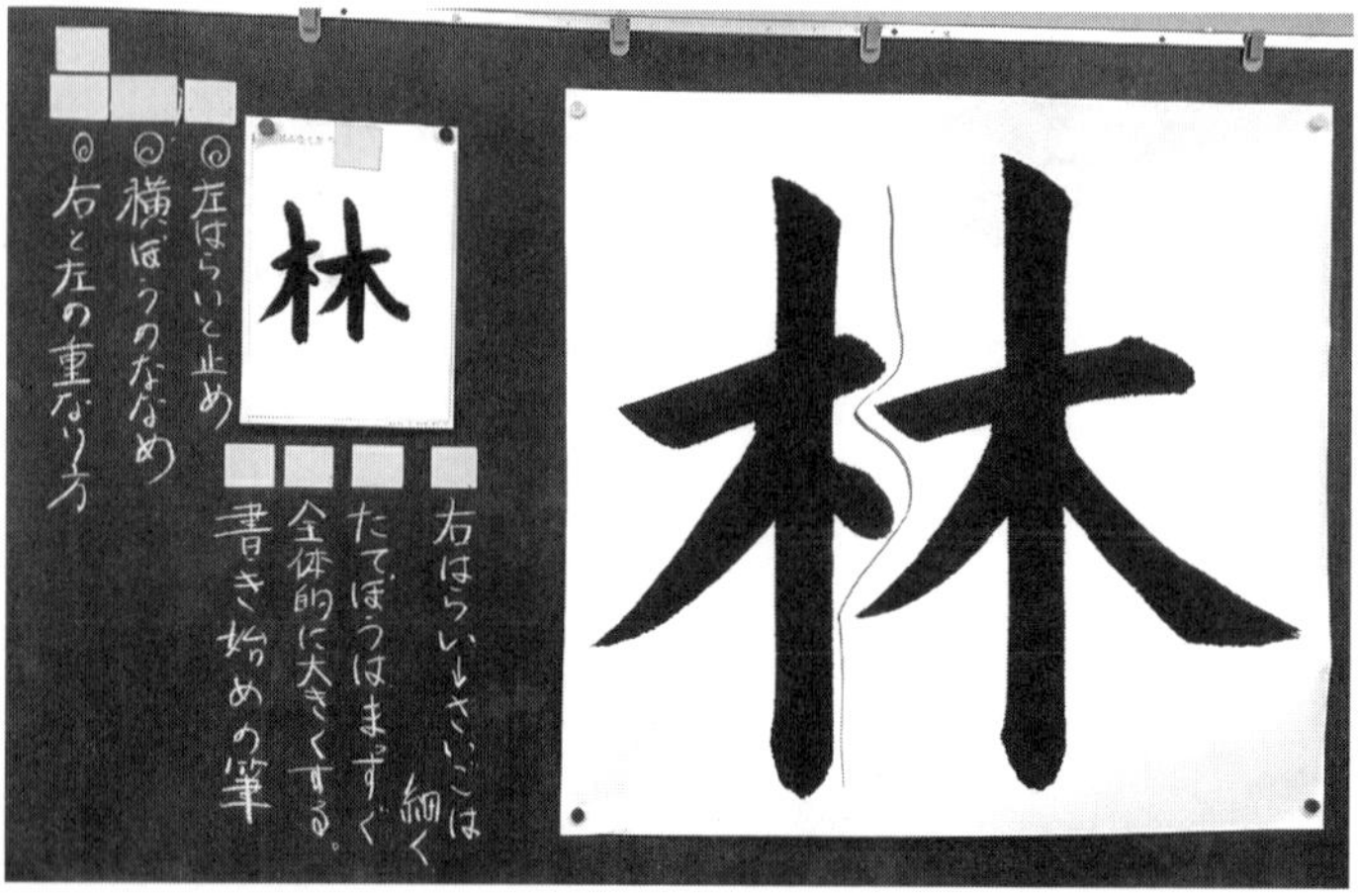
◎左はらいと止め
◎横ぼうのななめ
◎右と左の重なり方
林
右はらい↓さいごは細く
たてぼうはまっすぐ
全体的に大きくする。
書き始めの筆
林

⑤自分の試し書きに赤字でコメントを書き込む。
⑥練習する。
⑦清書する。
⑧学習を振り返る。

**資料1**の右側の「林」はお手本で、左側の「林」は子どもの書いた試し書きです（アドバイスをもらいたい子による希望制です）。

次に「試し書きの『林』をお手本に近づけるためにどうすればよいか」について話し合います（子どもから出された意見を板書します）。

お手本となる字と比較するために選出した試し書きの字を書いた子どもは、（多少なりとも習字に自信のある子どもであっても）最初のうちは不安げです。

そこで、勇気を出してくれたことを称揚しながら、けっして一方的なダメ出しにならないように促します。

するとと、細かなところを指摘しつつも、あたたかな意見を出してくれます。

「へんとつくりの重なり方は上手だと思う」

「左はらいと止めのところも上手」

「右はらいが止まっているように見えるから、最後は細くなるようにするといいかも」

「縦画が曲がっているから、まっすぐにするといいと思う」

こんな交流が当たり前になってくると、どの子も、クラスメイトからアドバイスをもらいたくなって交流がより活発化します。

次に、ペアで対話しながら相互評価する活動に切り替えます（子どもたちのアドバイスし合う様子を見ていると、〝どの子もいい字をかいてみたいんだな〟と自分が上達することへの意欲、クラスメイトの上達を後押ししたいと思う意欲を感じます）。

ペアによる交流（相互評価）が終わったら、次はクラスメイトからもらったアドバイスをもとにして、今度はどう書いたらいいかを自分の「試し書き」に赤字で書き込みます（子どもたちは「もっと長く！」「中心になるように気をつける！」などと書いています）。

次頁の**資料2**は、別の習字の時間に書いたAさんの字です。左右の「原」を比較すれば上達ぶりが一目瞭然です。クラスメイトのアドバイスを自分なりに消化し、自ら改善点を見いだして自分の字を変化させていることが見て取れます。

なかには、「相互評価を行う時間がもったいない」といった意見もあると思います。「練習する時間に割いたほうが、上達が早いはずだ」と。もちろん、それにも一理あると思います。なにしろ、（習字に限らず）どの道のプロも人知れず、膨大な時間を練習に心血を注いでいるからです。

資料2

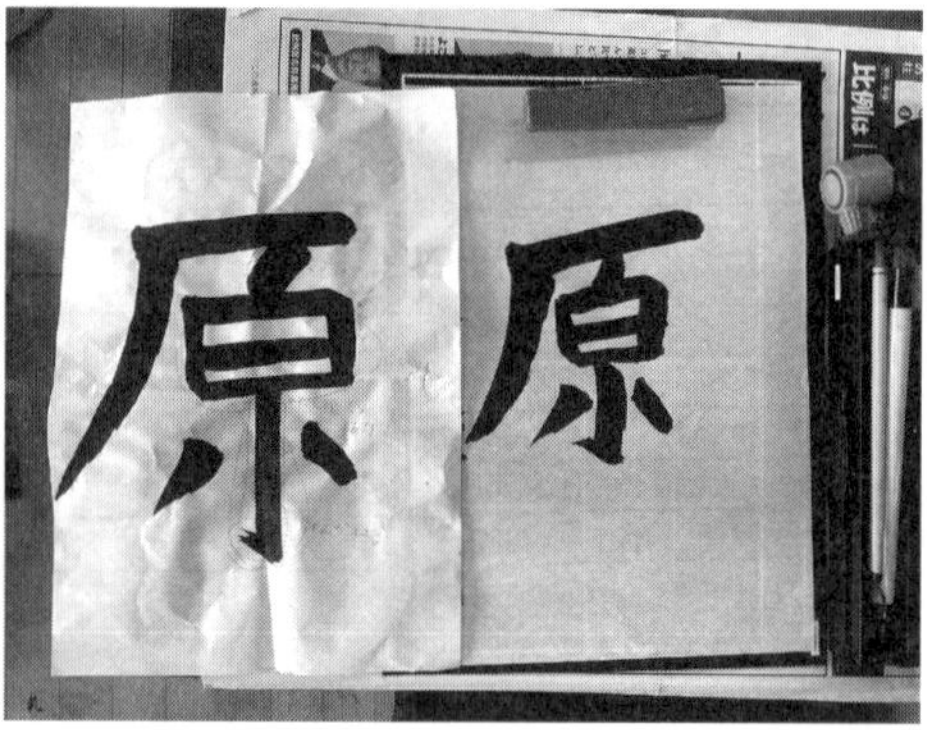

しかし、〝自分はこうなればすばらしい結果を出せるはずだ〟という明確なイメージなくして、成果は得られないはずです。私たち教師もそうですよね。「どのような授業をしたいのか」「そのために必要なことはなにか」が不明確なまま授業をこなしていても、いっこうに上達しないのと変わりません。

これは、子どもたちの学習についても同じことが言えるのです。

【相互評価】自分が書いた字は、いい字になっているか。
そうでないならば、そこにはどんな課題があるか。

**［思考の着眼点］** 課題を解決するには、どこに着眼する必要があるか。

**［上達イメージ］** なにがどうなっていれば、その課題は解決されたことになるか（上達したことになるか）。

この3点がセットになってはじめて、練習することに意味が生まれるのです。そうでなければ（思考を働かせずに無闇やたらに数をこなすだけでは）、子どもは同じ道をループしつづける（同じような字を書きつづける）ことになります。

相互評価は、客観的・第三者的な視点を得る活動です。それが自分の成果物（作品・動作・考え方など学習にかかわるすべて）をよりよいものにする改善の糸口になります。つまり、**相互評価の経験を積むことによって、自分自身を相対的に見るスキルを子どもたちは身につけていく**のです。

## 2　体育「マット運動」

「タブレットは文房具」などと言われるくらい、一人一台端末を活用することはすっかり日常となりました。私の学級でもそうです。教室での学習のみならず、たとえば体育での活動でもタブレット端末を活用しています。その目的に据えているのが、相互評価

資料3　技のポイントを考えている場面

を通して自分の活動を自己調整できるようにすることです。

「マット運動」の学習であれば、グループのメンバーに自分の技をそれぞれ動画撮影してもらい、その出来映えについて話し合う活動を取り入れています。**資料3**は、お手本となる動画（例：NHK for School）と見比べながら、技のポイントを考えている場面です。

あるとき、次のようなやりとりが聞こえてきました。

「どうだった？」

「動画を見ると、手がちゃんとマットを押せていないように見える」

「ほんとだ、忘れてた」

「足を伸ばすタイミングが早いのかも」

こうしたやりとりそのものは、これまでにも行われてきたことです[①]。

1人の子どもが自分のめあてを友達に伝え、マット横に立っている友達が、「手を見る人」「体の動かし方を見る人」「きめを見る人」などの役割を分担し、技の経過を見てグループメンバーがアドバイスを行うといったやりとりです。

ここにタブレット端末が加わったことで、このアドバイスをするグループメンバーに自分自身が加わるようになったことが、これまでと違う点です。自分の動きを動画で見た子は、次のように話をしています。

「自分ではもっと勢いがついていると思ってたけど、そうじゃなかったんだな」

このように、子ども同士の相互評価やそれに基づく自己評価によって、気づきの質が向上しているのです。図にすると**資料4**のイメージです。

**資料4**

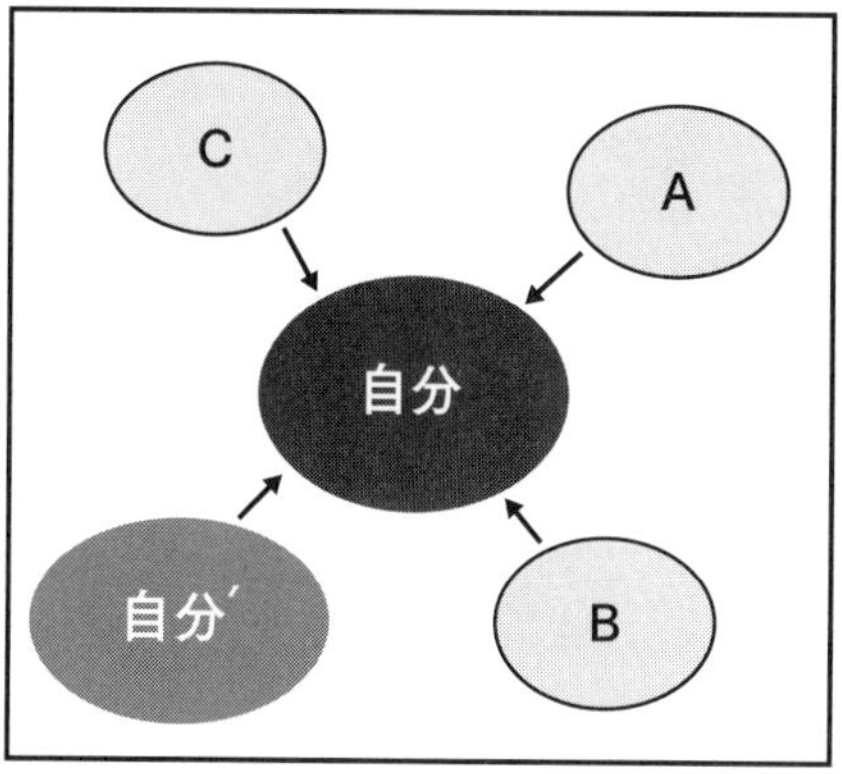


このように考えると、体育におけるタブレット端末活用の利点は「いつでもお手本動画を視聴できる（望ましい動作を調べられる）」といった情報収集にとどまるもの

①東京都小学校体育研究会　https://www3.schoolweb.ne.jp/swas/index.php?id=1350006

ではなく、子どもが自ら行う評価活動に寄与する（クラスメイトの視点に自分自身の視点が加わることで、自己評価の精度が上がる）ものだと言えるでしょう。

## 子ども自身の手で授業をつくり上げる自学スタイル②

### ―学級会のように、子どもたちが授業を運営する

学級活動（特別活動）では、たとえば学級会を開き、学級をどうしていくのがよいかを話し合います。

殊に学級活動(1)においては、「学級や学校における生活づくりへの参画」を目的とし、たとえば一つの例として「①問題の発見・確認」→「②解決方法等の話合い」→「③解決方法の決定」→「④決めたことの実践」→「⑤振り返り」という活動サイクルをもっています（「小学校学習指導要領解説　特別活動編」45頁）。

こうした活動を通じて、子どもたちは学級の意志決定に関与する（折り合いをつける）考え方や方法を学ぶとともに、自治的に自分たちの学級を切り盛りしていく術と責任を身につけていきます。このように、自分たちの手で自分たちの願いを叶える経験を積むことができれば、自己効力感を得たり、次の活動へのモチベーションを高めたりすること

でしょう。

右に挙げたすばらしさを実感していた私は、数年前からどの教科の学習においても、学級会スタイルで授業を行う（子どもたち自身が自治的に学習を進める）ことはできないものかと試行錯誤してきました。

その結果、子どもたちは次に挙げる「定型的な授業の流れ」に基づいて授業を進めるようになったのです。

①前時の振り返りを行う。
②問題提示・めあてを設定する。
③本時の見通しをもつ。
④課題に対して自力解決を図る。
⑤全体で話し合う。
⑥考えを確認する。

②奈須正裕著『個別最適な学びと協働的な学び』（東洋館出版社、2021年）では「自学・自習」という名称で実践が紹介されている。ここでは、子どもたちが教師の役目となって授業を進めている。また、若松俊介著『教師のいらない授業のつくり方』（明治図書出版、2020年）でも国語において同様の考え方に基づく実践が紹介されている。

⑦本時の振り返りを行う。

ここで紹介するのは、子どもたちが自分たちで授業を進めていった活動の一端です（算数3年「小数」、国語3年「モチモチの木」と4年「一つの花」）。

**1　算数「小数」**（2023年1月18日の実践）

本時のねらいは「小数と小数の足し算の仕方を考える」で、「位に着目し、それぞれを足せばよいことに気づけるようになること」です。

授業の冒頭は、前時の振り返りです。

「『前回は小数と整数を比べるには、どうすればよいだろうか』でした」

「2.8は0.1が28個集まっていて、3は30個集まっているので、0.1が何個分かで比べればいいとわかりました」

ここで私が問題を提示し、式を全体で確認します。

次に学習リーダー（教師役の子ども、学級会で言えば司会役）が私の確認を引き取り、その後の授業を進行していきます（「R」は学習リーダーの発言）。

R「今日のめあてはどうしますか」

資料５

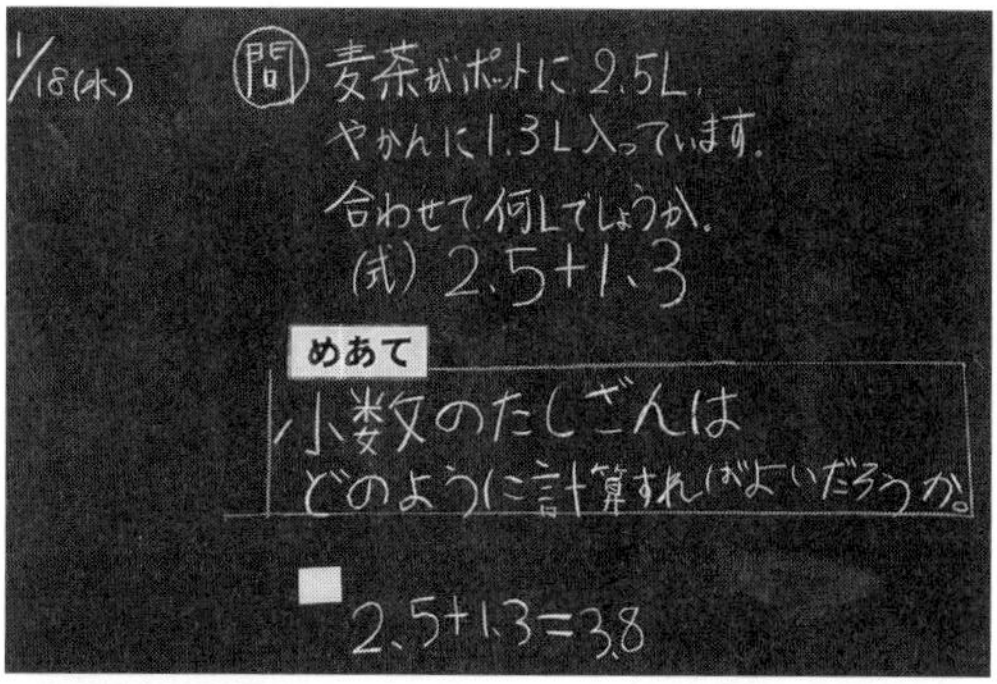


資料６

$C_1$「『2.3＋1.8はどのように求めればよいだろうか』はどうですか」

$C_2$「『小数の計算はどのようにすればよいだろうか』はどうですか」

$C_3$「『小数の答えはどのように計算すればよいだろうか』はどうですか」

R「まとめると、『小数のたし算はどのように計算すればよいだろうか』はどうですか」

（資料５、６）

C大勢「いいと思います！」

本時の課題を設定すると、次は時間の見通しの確認です。

R「今日の授業は12時15分に終わります。何時から話し合って、何時から振り返りを書くことにしますか」

意見がいろいろと出ます。

**資料7　交流したりサポートしたりする様子**

R「じゃあ、12時10分に振り返りを書きはじめることにして、そうすると、11時55分から話し合うのはどうですか」

$C_{大勢}$「いいと思います！」

その後、考えをもった子どもから席を立ち、自由に意見を交流したり、悩んでいる子をサポートしたりしはじめます（**資料7**）。

およそどの子も自分の考えをもてたのを見計らい、学習リーダーは、学級全体の話し合いをはじめます。

R「考えを発表しましょう」

$C_1$「2.5は0.1が25個、1.3は0.1が13個。合わせて0.1が38個だから、3.8です」

$C_2$「2.5と1.3の整数のところだけ別にすると、3になります。あとは、0.5は0.1が5個、0.3は0.1が3個。合わせると8個で0.8です。これに整

**資料8　子どもの振り返り**

○ふりかえりの視点（分かったこと、考えたこと、ぎもん）

今回の問題で考えた事は、昨日の問題を使ってやる事です。小数の足し算はまだ習っていないから、分数の足し算を使って考えた。昨日は小数を分数にしたり、分数を小数にしたりする事です。今回は二通り中、一通りだけなんですけど、まず、2、5を2ℓと0、5ℓに分けて0、5だけ分数に直して、十分の五で、1、3ℓも1ℓと0、3ℓに分けて、それを分数に直して、十分の三で十分の五+十分の三を足してその数と三リットルを足す考えをしました。次はこの考えと違う考えを使いたいと思います。

数の3を合わせると3.8になります」

R「それってつまり、位で分けて計算するということですよね」

$C_2$「そうです」

$C_3$「いまのをまとめると、『整数の部分、小数の部分で計算する』ということだと思いました」

$C_4$「ほかのやり方で、0.5のところは10分の5、0.3のところは10分の3。分数＋分数をすると、10分の8になるので、小数のところは0.8になります」

R「みんなの意見をまとめると、位ごとに分けて計算するといいということだと思います。どう思いますか」

$C_{大勢}$「いいと思います！」

R「では、振り返りを書きましょう」**（資料8）**

## 2　国語「モチモチの木」（2023年3月14日の実践）

本単元では、子どもたちが「豆太やじさまはどのような性格や考えなのだろうか」という学習課題を設定し、各場面での登場人物の

資料9　自分の考えを発表し合う様子

様子から考えられる心情を話し合っていきます。

本時のねらいは「4場面での豆太とじさまにかかわる叙述から、登場人物の心情をとらえることができる」です。算数と同様、前時の振り返りから授業をスタートして本時のめあてを設定し、時間の見通しを学級全体で確認していきます。

R「4場面を音読しましょう。読み終わった人から、豆太とじさまのことがわかるところに線を引きましょう」

線を引く活動を行います。

R「どこに線を引きましたか？　考えを発表しましょう」（資料9）

$C_1$「わたしは、『豆太は泣き泣き走った』に線を引きました」

$C_2$「ぼくは『怖くてびっくらしてじさまに飛びついた』に線を引きました。この場面から、その後、結構急いでいるからです」

$C_3$「医者様の手伝いをしているところに線を引きました。

**資料10**

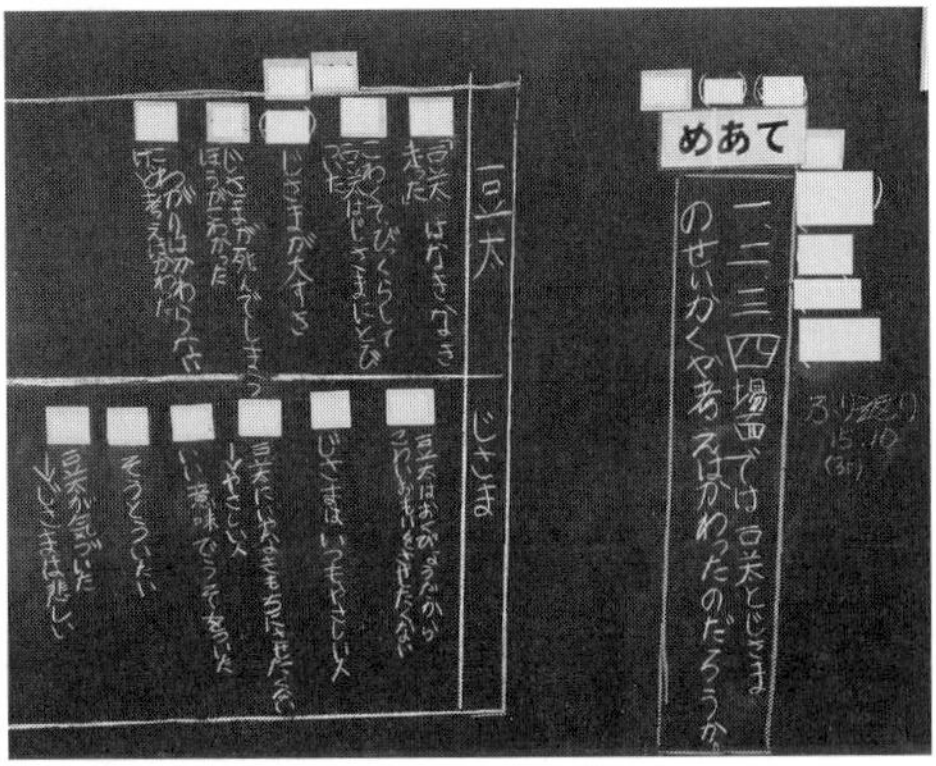


じさまの調子がよくなるように、手伝いをしていることがわかるからです」

$C_4$「ぼくも同じところに線を引いて、医者様を呼ばなくちゃというところで、村は遠いけれど、じさまが死んじゃうほうが怖かったからがんばったんだと思いました」

$C_5$「わたしは、ほかのところで『湯を沸かしたり忙しかった』に線を引きました。豆太はじさまが大好きで、じさまがいなくなってしまうことが寂しくなってしまうからです」

$C_6$「ぼくはみんなの意見を聞いて、豆太の『こわがり』は変わっていないんだけど、じさまのためになると考えは変わるんだと思いました」

このあとの話し合いでは、じさまのほうにも広がっていきます（**資料10**）。

$C_7$「『じさまは腹がいてえだけだ』と言っているところから、じさまは豆太を心配させないようにしているんだとわかりました」

$C_8$「いまの考えを聞いて、ぼくも豆太に心配させないようにしていると思いました」

$C_9$「じさまはいい意味で、豆太にうそをついているんだと思いました」

$C_{10}$「豆太につらい思いをさせたくなかった。でも、豆太は気づいたと思います」

R「では、振り返りを書きましょう」（資料11）

**資料11　子どもの振り返り**

⑤今日の学習で頑張ったことは、豆太はすごく変わったと思いました。なぜなら、じさまがお腹が痛いときに、医者さんを勇気を出して呼べたから、豆太は勇気のある人だと思いました。じさまは、変わっていないと思いました。なぜなら、じさまは、最初の時と同じで、すごく豆太のことを考えて、暮らしていたからです。次の学習では、全体のことと かで、全部比べられるように頑張りたいです。

## 3　国語「一つの花」（2023年6月9日の実践）

4年生で行った「一つの花」においても学習の流れは同様です。ただ、4年生になったことでお互いの意見を聞き合い、より複雑な思考で学習を進められるようになったからか、たとえば思考ツールを活用しながら自分の考えを整理したうえで話し合うこともできています（資料12）。

この背景には、発達段階が進んだこともあると思いますが、もち上がりの学級だったので自分たちで授業を進めることにずいぶん慣れていたことが挙げられます。

R「考えを発表しましょう」

$C_1$「わたしはこの場面で『一つだけちょうだい』が出てこないのは、ゆみ子が成長して甘えなくなったからだと思います。なぜなら、『小さなお母さんになって』と書いてあって成長していることがわかるからです」

$C_2$「わたしも同じで、料理ができるようになっていることが書いてあって、ゆみ子が成長していることがわかるので、だから、『一つだけちょうだい』と言わなくなったのだと思います」

$C_3$「いまの意見に『ん？』と思ったんですけど、成長はあまり関係ないんじゃないかと思います。大きくなって口癖を忘れたのかもしれないけれど、食べ物が足りている世の中になったから、『一つだけちょうだい』を言わなくなったんだと思います」

ここでは、特定の叙述（根拠）に着目し、自分の考えとの相違点を見いだしています。子ども同士の話し合いに私が入らないことで、教師の目（評価の目）を気にする必要がなく、ちょっとした思いつきも忌憚なく発言できています。こうしたことが、

**資料12**

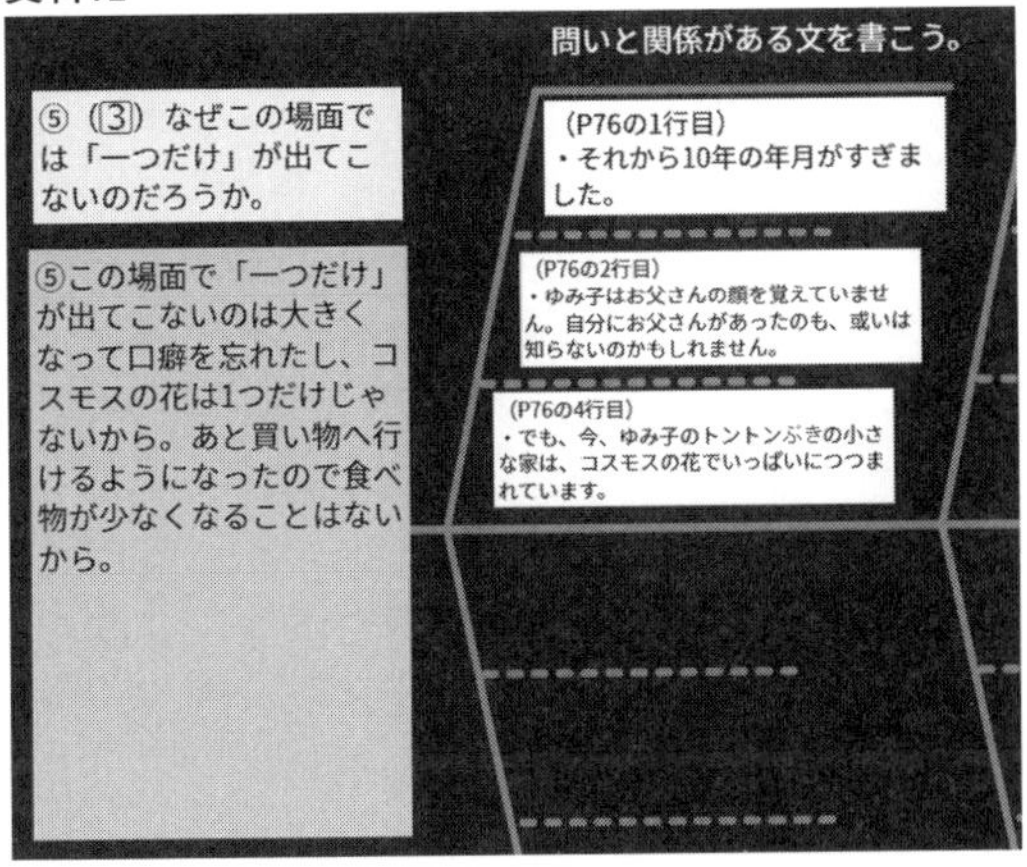

多様な考えに触れながら自分の考えをつくることに寄与しているのだと思います。

また、「学級会スタイル（自学スタイル）の授業」を進める子どもたちからは、「教師から学習を任せられた（自分たちのもつ力を信じてくれた）」ことに対する自負が感じられます。「集団としての有用感」とも言えるかもしれません。

加えて、「授業をどう進めていけばいいの？」などといった不安げな様子も見られません。これは「次になにをすべきか」を、学習リーダーのみならず、子ども一人一人が把握しているからにほかなりません。

それともう一つ、「学級会スタイル」には、通常の授業にはない特徴があります。それは、発問がないこと。子どもたちは「指示」と「活動」によって授業を進めているのです。

読者であるみなさんは、このような授業をどのように感じるでしょうか。「ただ作業をしているだけなのではないか」「手順どおりに進めているだけでの予定調和で、肝心の学びの深まりがないのではないか」などと思われた方もいるかもしれません。

それに対して私が重視しているのは、授業のめあてを実現することに針を振り切るということです。発問がなかろうと、傍目には作業にしか見えなくてもかまわないとさえ考えています。前述した算数の授業に当てはめれば、『『小数のたし算』はどのように計算すればよいか』をどの子も理解できればＯＫだ」とみなしているからです。

子どもたちの「指示」と「活動」によっても十分に学習内容の理解に届いていると感じています。のみならず、1時間の授業で概念的知識の獲得に至ることもあります③。

また、どの教科の授業も「指示」と「行動」で構成され、かつ（前述した）「定型的な授業の流れ」（前時の振り返り→問題提示・めあての設定→見通し→自力解決→全体での話し合い→考えの確認→本時の振り返り）に則って展開することで、どの子も迷うことなく思考することにエネルギーを注ぐことができる点も大きいと考えています。

つまり、（教科独自の特質はあるものの、どの教科においても）学び方が固定的であれば、どの子にとっても次の学習を予測しやすく（見通しをもちやすく）、「次ってなにすればいいの？」となりにくいということです。

## 学びの「責任」「協働」「こだわり」のある社会科学習

どの教科の授業でもそうですが、子どもが学習を自己調整できるようになるためには、授業においてそのスキルを磨く機会を設ける必要があります。具体的には次の場面です。

---

③もちろん、教師による介入が必要な場面は多々ある。この点については、第3章で詳述。本章ではまず、子どもたちの学習に教師が直接的に介在しなくても授業が成立することを紹介することを目的としている。

●子どもが自分の意志を反映できる場面
●子どもが学習をコントロールできる場面

逆に言えば、教師の意図どおりに徹頭徹尾コントロールする「チョーク&トーク[4]」の授業であるうちは、いつまで経っても学習を自己調整するスキルを子どもは身につけることができないということです。

では、それなのになぜ、私たち教師は長きにわたって「チョーク&トーク」の授業に磨きをかけてきたのでしょうか。それは、これまでの学習は「コンテンツ（内容）」ベースであり、子どもたちが身につけるべきは「知識」だったからです。そのため、「どれだけ上手に内容を教えるか（知識を身につけさせるか）」に腐心することが最重要事項でした。

それに対して、（時代や社会の要請に応じる形で）「コンピテンシー（資質・能力）」ベースの学習が求められるようになったことで、私たち教師の（「指導観」や「学習観」を含む）「授業観」の変更が必要とされるようになったわけです。

ところで、子どものほうは、「自分で学習を調整すること」をどのように受け止めているのでしょうか。どの子も〝おもしろい〟と思うでしょうか？　それとも、違う受け止めをするでしょうか。実を言うと、右に挙げた場面など〝ないほうがいい〟と考える子どもは一定数います。なぜなら、子どもにとって自己調整学習はたいへんだからです。「チョーク&トーク」に終始する授業であれば、(極端な言い方ですが)終業ベルが鳴るまでの間、ぼんやり時計を眺めているだけであっても(なにひとつ学べていなくても)、授業を受けたことにはなります。そのような意味でとても楽なのです。ただし、その「楽」は、「楽しい」の「楽」ではありません。退屈さとつまらなさを伴う「楽」なのです。

それに対して、自分の意志で学習をコントロールするのは相当のエネルギーを必要とします。自分の課題を認識し、それを解決するために頭を悩まし、ときにクラスメイトの考えを自分に取り込んで改善を図っていかなければならないからです。このように、けっして「楽」ではないのが自己調整学習です。しかし、その代わりに本物の学ぶ「楽しさ」を味わえる期待値が高まります。

そこで、学びの「責任」「協働」「こだわり[5]」に着目し、次に挙げる4つの社会科学習

④石井英真著『未来の学校　ポスト・コロナの公教育のリデザイン』日本標準、2020年、89頁

⑤ここでいう「子どものこだわり」とは、その子自身の「思考の道筋」を言う。「一人一人が、なにに重点を置いて学習を進めようと考えているのか」という意味。この視点を導入することで、学習内容の理解の定着だけではなく、「思考」や「学びに向かう力」を教師として把握することもできると考える。

の実践を例にしながら、学習をアップデートしていく子どもの姿を紹介していきたいと思います。

●協働的な学びを通して考えを練り上げていく姿
●自分の学習に責任を果たしてさらなる向上を図る姿
●調べる順番に自ら意味をもたせ追究する姿
●前単元とのつながりを意識しながら追究の幅を広げる姿

## 協働的な学びを通して考えを練り上げていく姿
### ―第5学年「これからの食料生産とわたしたち」（2019年9月の実践）

本単元は、農業単元「米づくりの盛んな地域」や水産業単元「水産業の盛んな地域」のあとに実施した学習で、「日本の食料生産の課題を把握し、これからの食料生産に関わる産業の発展を考える」ことを単元目標に据えています（指導計画の概略は**資料13**を参照）。

日本の食料生産の課題には、「就業人口の減少」「生産量の減少」「消費量の減少」「食料自給率の低さ」などが挙げられます。もし現状のままであれば、海外からの輸入依存度はますます高くなり、世界情勢いかんで日本の食生活は大打撃を受けることになるでしょう。

これだけを考えても、日本の食料生産が抱える問題は複合的で、解決がきわめてむずかしいと言えます。まさに「唯一無二の正解がない問題」だと言えそうですが、発想を180度転換すると、次のように言うこともできます。

**資料13　指導計画「これからの食料生産」**

**〈学習問題と各時間における問い〉　※丸数字は時数**

①食料自給率の低下の原因や影響にはどのようなものがあるだろうか。

食料自給率の低下は、国内生産できないものや国内生産よりも安価で効率よく生産できるものを海外から輸入していることなどが関わっており、海外に食料を依存していることは供給の不安定さにつながる。

②学習問題
外国との関わりの中で日本の食料生産が発展していくためには、どのようなことが大切なのだろうか。

③予想を出し合い、学習計画を立てよう。

④⑤⑥
A　日本はどのようなものを輸出しているのだろうか。

A　日本は品質の高さで評価の高いものを海外に輸出し、国内の農業や水産業が成長できるようにしている。

④⑤⑥
B　第6産業化はどのような取り組みなのだろうか。

B　第6産業化をすることによって、農業や水産業だけでなくその地域の工場や商店などが協力して、生産物の魅力を高めて消費を増やすことにつながる。

④⑤⑥
C　地産地消はどのような取り組みなのだろうか。

C　地産地消をすすめることによって、消費者と生産者をより結びつけ、生産意欲を高めたり食品の安全性を確保したりすることにつながる。

⑦まとめ
日本の食料生産が発展していくためには、国内の仕組みを整えて安定して生産できるようにすると共に、日本の食料生産の強みを海外に打ち出していくことが大切である。

唯一無二の正解がないというのであれば、むしろ「正解はたくさんある」[6]と考えることができる。

このようにとらえれば、学級のすべての子どもたちが「共通する一つの課題に正対し、課題解決を図っていく学習」だけではなく、子ども一人一人が個別の課題をもち、「自分なりの主張をつくっていく学習」にする可能性を広げていけるのではないでしょうか。そのように考えてつくったのが本単元です。

第2時では、前述した日本の食料生産の課題に触れつつ、貿易の自由化や日本の食料輸出などの情報を基にして、子どもたちと話し合いながら、学習問題「食料生産の課題があるなか、どのようなことが大切なのだろうか」をつくっています（資料14）。

つづく第3時では、同様に子どもたちと学習計画を立て、次に挙げる3つの「小さな問い」を立てています。

- 日本はどのようなものを輸出しているのだろうか。
- 第6次産業はどのような取組なのだろうか。

資料14　第２時の板書（学習問題）

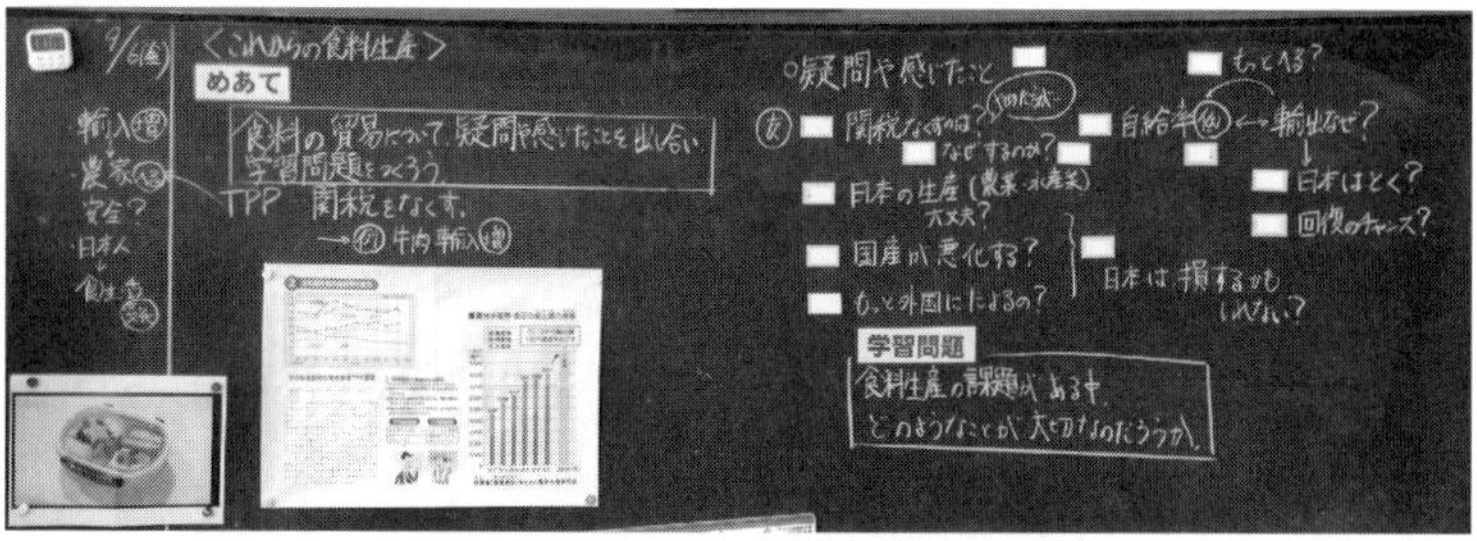
めあて
学習問題
食料生産の課題がある中、
どのようなことが大切なのだろうか。

資料15　問いを分担して調べ学習を進める様子

●地産地消はどのような取組なのだろうか。

その後、グループ内で「問い」を分担し、各自で調べ学習を進め（**資料15**）、わかったことをもち寄って互いの考えを深める学習にチャレンジしています。⑦

⑥澤井陽介氏は『「本当に知りたい」社会科授業づくりのコツ』（明治図書出版、２０２２年）のなかで、子どもたちが考える方向性がたくさんあることを「正解はない」ではなく「正解はたくさんある」と表現している。

⑦白水始・三宅なほみは、協働的な学習場面を意図的に設けるうえで「知識構成型ジグソー学習」が有効であると述べている。

この学習プロセスは、以下のとおりです。

①自分が担当した問いに沿って情報を集め、ミニカードに書き出してワークシートに並べながら整理して関連図にまとめる。
②同じ問いについて調べた子ども同士で情報交換をする。
③元のグループに戻り、互いの情報を伝え合い、グループとしての主張について検討する。
④学級全体で話し合う。
⑤単元全体を振り返り、自分の主張を書く。

**資料16**は、第4時の段階でAさんがまとめた関連図です。ミニカードの一つには次の内容を書き込み、中央上部と右側にそれぞれ配置しています。

【1】外国人が日本に来たときに日本の物を好きになれるようにせんでんや、し食の場をふやして、輸出のかく大に取りくんでいる。

【2】輸出をするまでにたくさんの反対意見も多くでたため、たくさんの取り組みをして輸出額も高くなった。

**資料16　Aさんがまとめた関連図**

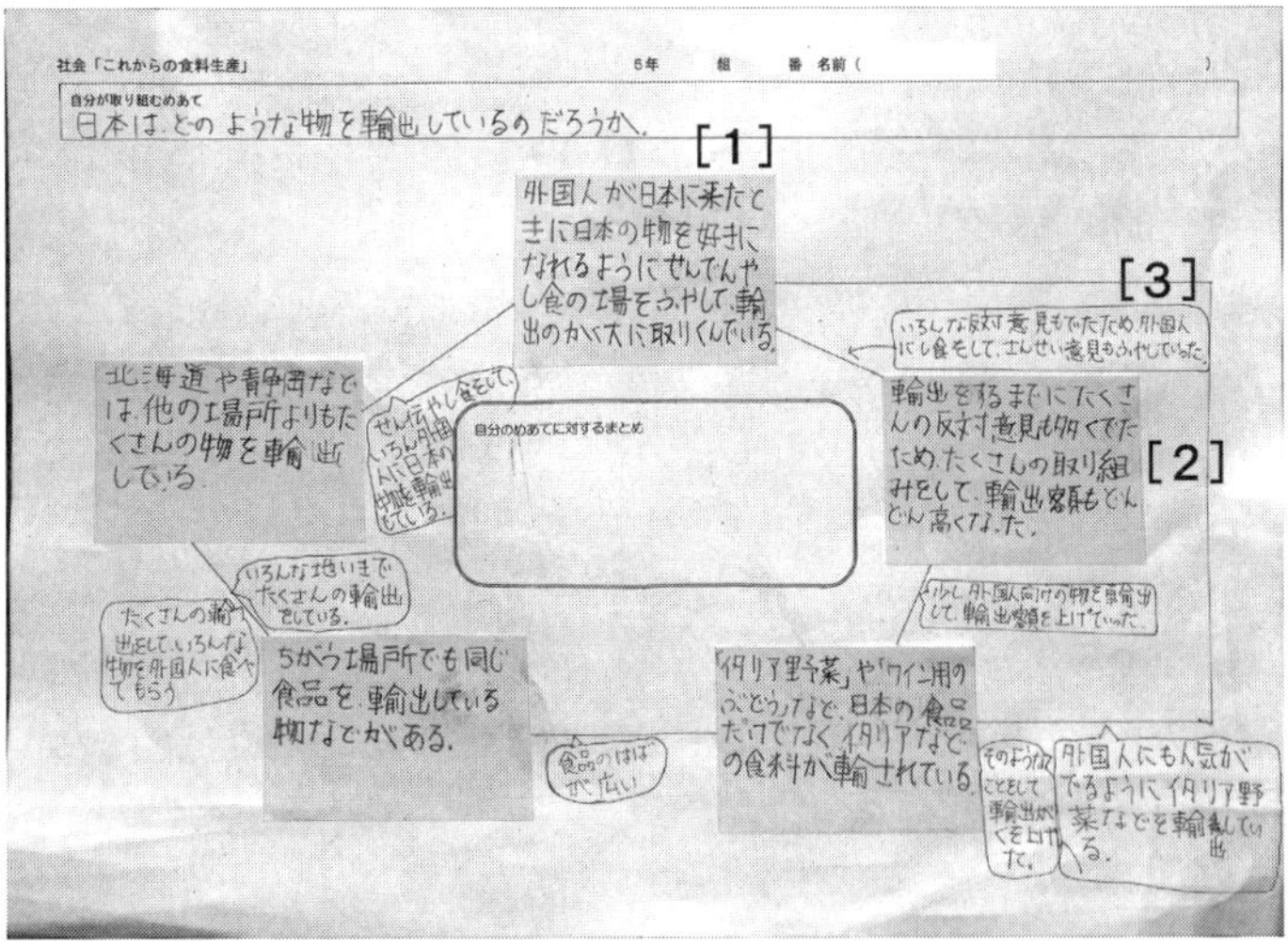
社会「これからの食料生産」
5年　組　番　名前（　　）
自分が取り組むめあて
日本は、どのような物を輸出しているのだろうか。
[1]
外国人が日本に来たときに日本の物を好きになれるようにせんでんやし食の場をふやして輸出のかく大に取りくんでいる。
[3]
いろんな反対意見もでたため、外国人にし食をして、さんせい意見もふやしていった。
輸出をするまでにたくさんの反対意見も多くでたため、たくさんの取り組みをして、輸出額もどんどん高くなった。
[2]
北海道や青森県などは、他の場所よりもたくさんの物を輸出している。
自分のめあてに対するまとめ
いろんな地いきでたくさんの輸出をしている。
ちがう場所でも同じ食品を輸出している物などがある。
食品のはばが広い
イタリア野菜」や「ワイン用のぶどう」など、日本の食品だけでなく、イタリアなどの食料が輸出されている。
外国人にも人気がでるようにイタリア野菜などを輸出している。

加えて、［1］と［2］をつなぐ線から矢印を引き、次のように記述しています。

**【3】** いろんな反対意見もでたため、外国人にし食をして、さんせい意見も増やしていった。

これらの記述から、事実のみならず、図に整理しながら自分が気づいたことやそれに基づく考え（社会的事象の意味）を見いだしていることがうかがえます。

この後、Aさんは「日本はどのようなものを輸出しているのだろうか」という同じテーマについて調べている子どもと情報を交換し合います。

**資料17　クラスメイトと情報交換した後にAさんがまとめなおした関連図**

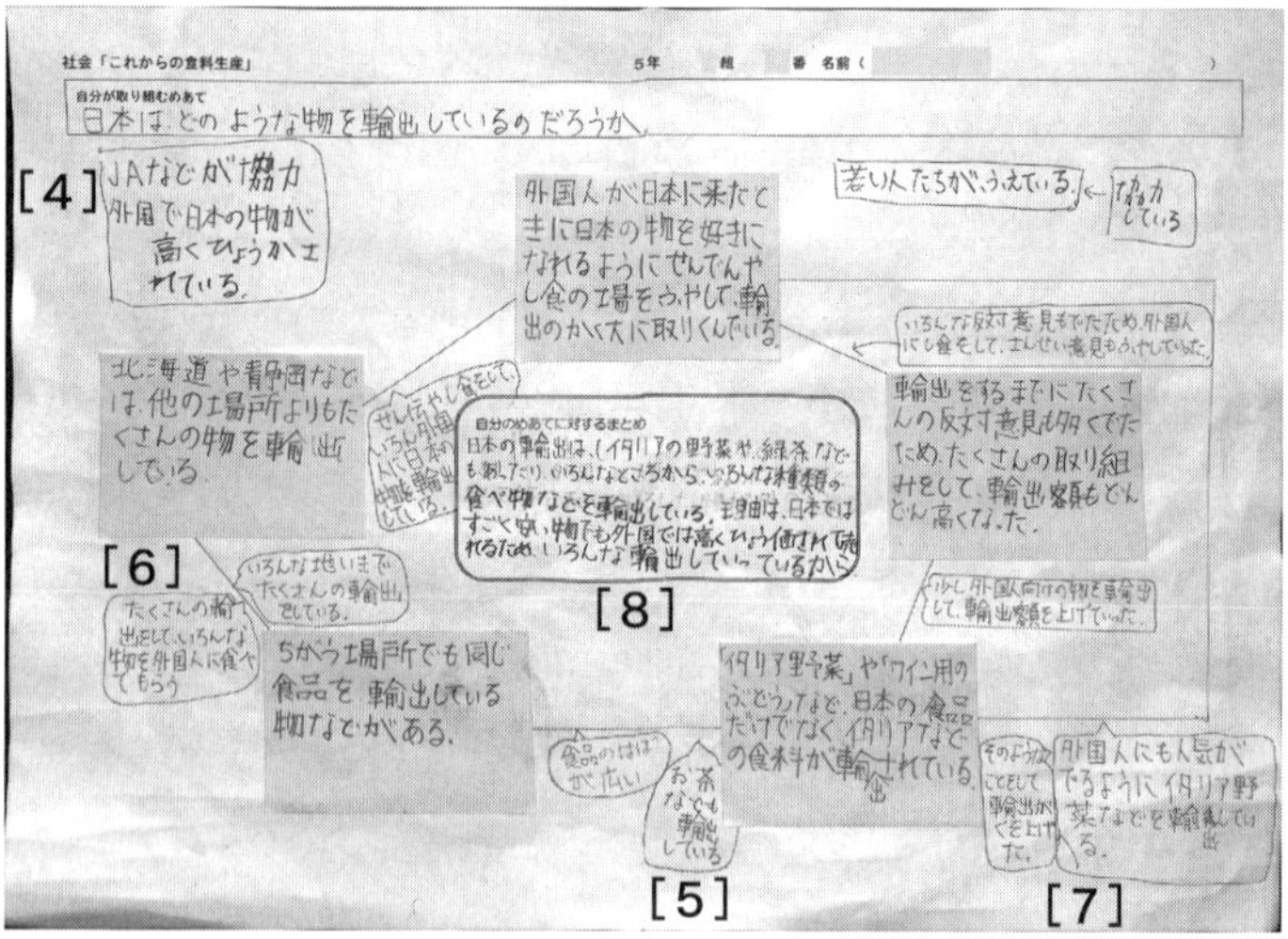


その結果まとめなおした関連図が**資料17**です。**資料16**と比べると、以下がつけ足されていることがわかります。

[4]　JAなどが協力。外国で日本の物が高くひょう価されている。

[5]　お茶なども輸出している。

また、すでに自分が見いだしていた社会的事象の意味に対しても、次の解釈をつけ足しています。

[6]　いろんな地いきでたくさんの輸出をしている＋たくさんの輸出をして、いろんな物を外国人に食べてもらう。

[7]　外国人にも人気がでるようにイタリア

野菜などを輸出している＋そのようなことをして、輸出がくを上げた。

このようにクラスメイトと情報を交換しながら自分の考えを練り上げ、最終的に自分の「問い」に対して次のようにまとめています（一部を抜粋）。

【8】理由は、日本ではすごく安い物でも、外国では高くひょう価されて売れるため、いろんな輸出をしているから。

このまとめから、Aさんはまず事実に基づいて自分の考えをつくり、そのうえでクラスメイトと協働的な学びを行い、そこで得た他者の意見を参考にしながら、必要に応じて自分の考えを修正したり、つけ足しをしたりしている様子がうかがわれます。加えて、「日本の食料生産の課題はどう改善されるのか」という視点をもって追究している様子も見られます。

つづく第6時では、自分が追究してきた個別の「問い」に対する考えをグループにも ち帰り、学習問題「食料生産の課題があるなか、どのようなことが大切なのだろうか」について話し合い、その後にグループとしての考えを練っていきます。

資料18　クラゲチャートを活用してまとめたグループの主張

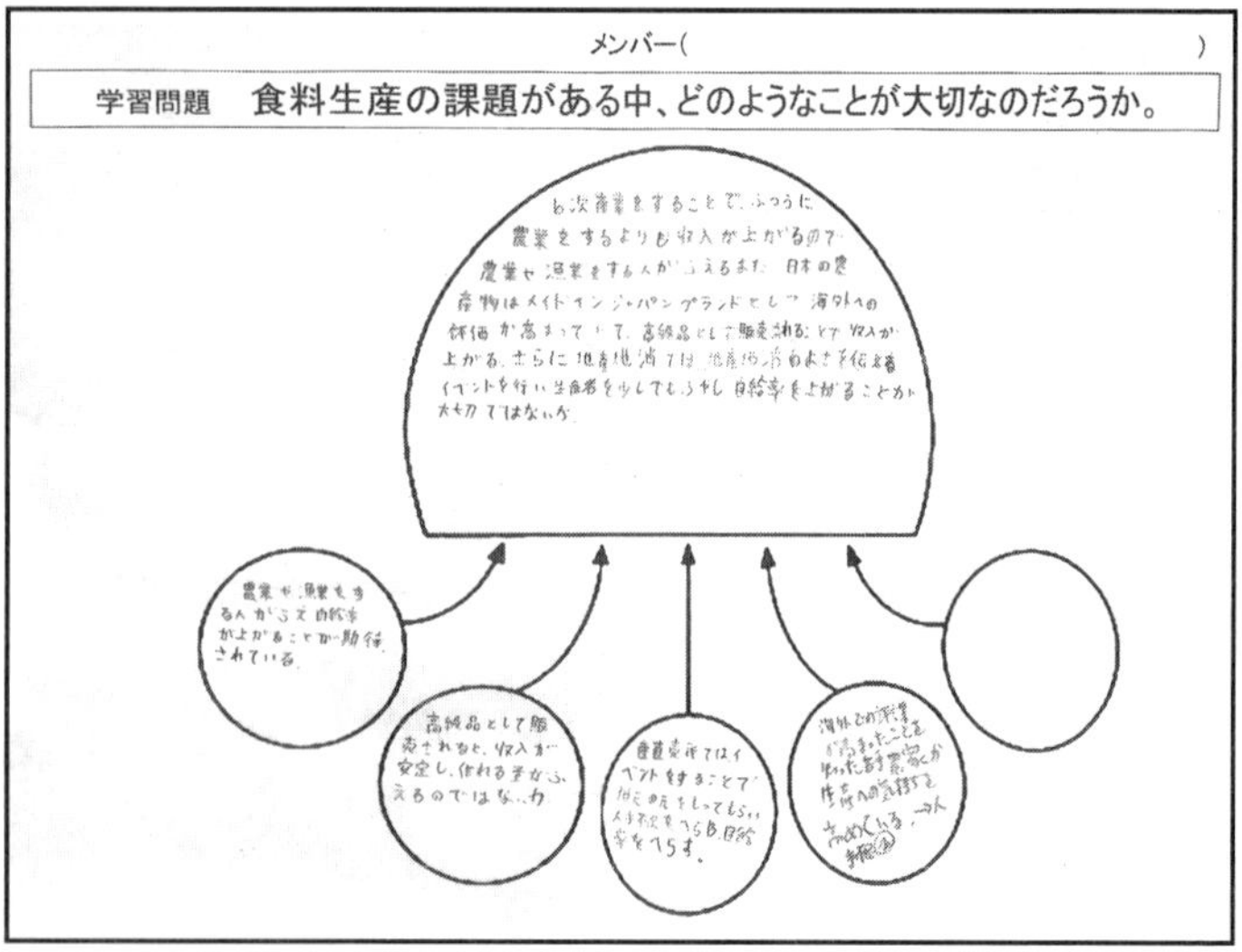
メンバー(　　　)
学習問題　食料生産の課題がある中、どのようなことが大切なのだろうか。

あるグループは、**資料18**のようにクラゲチャートを活用して自分たちの主張をまとめています。

この図から、第6次産業化や食料の輸出、地産地消のメリットを踏まえ、食料生産の課題改善につながる可能性をピックアップしながら自分たちの主張をつくり上げている様子がうかがわれます。

このような主張はおそらく、「個人追究」だけであれば生まれなかったのではないかと思います。各自が学習したことをもち寄り、お互いに知恵を出し合うことによって既存の発想がアップデートされたり、新しい発想が生まれたりした結果なのではないかと考えられるのです。

つづく第7時では、各グループがつくっ

**資料19　第7時の板書**

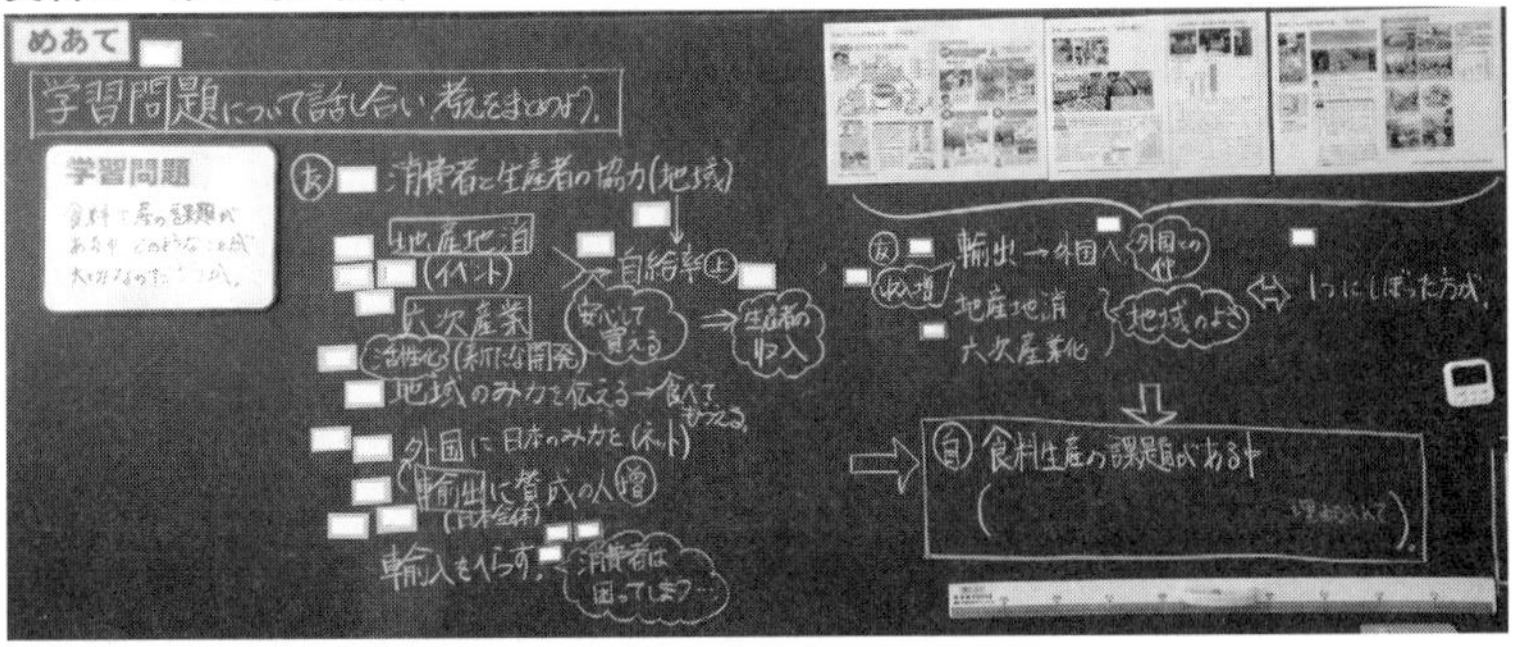


た主張をもとにしながら、今度は学級全体で学習問題に対してどう考えるかについて話し合っています（**資料19**）。

具体の話し合いの概要は次のとおり。

「消費者と生産者の協力が必要だと思います」

「わたしは、いまの発言につけ足しで『地産地消』をすることが大切だと思います。そうすると消費者が安心して買えるようになり、自給率があがることになると思うからです」

「第6次産業の取組が大切だと思いました。新しく商品を開発すると、地域の魅力を伝えることになって、みんなに食べてもらえるようになるからです」

「外国に日本の魅力をインターネットなどで伝えることも大切だと思います」

「それにつけ足しで、輸出をすることに反対の人もいたから、外国で評判がいいというのを広めれば、日本全体で輸出に賛成する人が増えると思います」

「食料を輸入する量も減らすといいのかなと思いました」
「でも、それだと消費者は困ってしまうと思うけど…」
「ぼくも、いま、輸入する量を減らしてしまうと、買える種類が減ってしまって消費者が困ってしまうと思いました」
「だから、わたしは地産地消や第6次産業などでみんなが買うようにすれば、生産者の収入になって、生産者がつくろうという気持ちになって自給率があがるようになると思いました」

※「食料の輸出」に着目して調べていた子は、「輸出」という切り口ではなく、「地産地消」にかかわる地域の協力に着目して話し合いに参加しています。

学級全体での話し合いを経て、Bくんは次のように自分の考えをまとめています。

食料生産の課題があるなか、日本から輸出したものが外国でも高く売れたり農家の人がこれからも減らないように、消費者と生産者が仲よくしたり、食料自給率を高めるためにもいろんな地域の人たちの協力や農家へのサポートが必要だと思う。

この考えのなかにも、自分が調べたこと（「食料の輸出」）を軸にしつつも、クラスメイトと何度も意見交換したことで視野を広げている様子がうかがわれます。つまり、協働的に学ぶ場面を繰り返し経験することで、自分の考えを見つめ直し、より適切（だと本人が感じられるよう）な考えをつくり出しているということです。

**資料20　協働的な学びを通して考えを練り上げる姿**

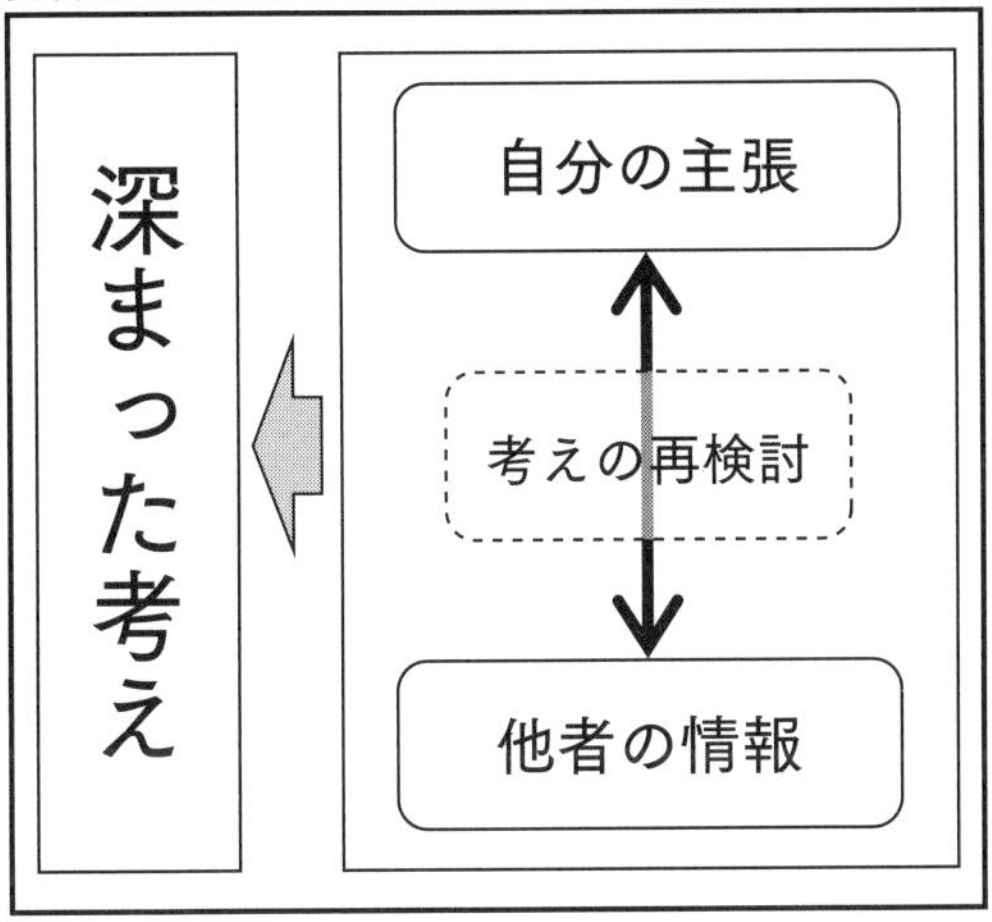


本単元で見られた「協働的な学びを通して考えを練り上げていく子どもの姿」を図にしたのが**資料20**です。特徴的なのは、調べ学習を行うときも、グループ内で話し合うときも、常に学習問題（「食料生産の課題があるなか、どのようなことが大切なのだろうか」）が、子どもの念頭に置かれていることです。

そのおかげで、自分とは異なる考えに出合い、練り直さないといけないと思われたときにも慌てず、自分の考えを再構築することができているのです。

このように考えれば、**学習問題は単に解決す**

べき「問い」であるだけでなく、子どもたちが試行錯誤を重ね、考えを練り上げる際の（いつでも立ち返られる）道しるべになっていることがわかります。

## 自分の学習に責任を果たしてさらなる向上を図る姿
### ―第3学年「世田谷区の移り変わり（市の様子の移り変わり）」（2023年1〜3月の実践）

本単元は、「個別最適な学習と協働的な学びの一体的な充実」を強く意識して行った実践ですが、ここでは特に、「個別追究」の時間に見られた「学びを自ら進める姿（学習の責任）」に着目して紹介します。

単元目標の概略は「現在の世田谷区になるまでの経緯を捉えることを通して、これからの世田谷区の発展を考えようとする態度を養う」です（指導計画の概略は**資料21**を参照）。

第5〜8時は「個別追究」の時間としています。この時間は学習計画を立てる際につくった問いに基づいて子どもが個別に追究し、タブレット端末を使って情報や自分の考えを整理します（その間、教師が子どもたちの前に立ち、発問・指示・板書などを行うことはありません）。

「現在の世田谷区になるまでの経緯」は、次のようになっています。

**【明治・大正】**

●東部から都市化が進み、農村が住宅地に変わりはじめる。

●関東大震災での被害が少なかったことをきっかけに、他地域から世田谷に移り住む人が増える。

**資料21　指導計画「世田谷区の移り変わり」**

**〈学習問題と各時間における問い〉　※丸数字は時数**

①②代沢小や学校の周りはどのように変わってきたのだろうか。

下北沢駅が昭和２年にでき商店や住宅が増え人口が増加した。代沢小の周りに池ノ上小や代田小、花見堂小などができた。下北沢で暮らす人は農家から会社勤めなどに仕事が変わった。

↓

③学習問題
世田谷はどのように移り変わってきたのだろうか。

↓

④予想を出し合い、学習計画を立てよう。

⑤⑥⑦⑧⑨⑩
・人口はどのように変わってきたのだろうか。
・交通はどのように変わってきたのだろうか。
・土地利用の様子はどのように変わってきたのだろうか。
・学校やまちづくりセンターはどのように広がってきたのだろうか。
・生活の様子はどのように変わってきたのだろうか。

↓

⑪⑫まとめ
　世田谷区では交通の発達に伴い人口の増加や土地利用の変化、公共施設の増加が起こるとともに、農業中心だった人々の生活が大きく変化した。

↓

⑬世田谷区はこの先、どのように変わっていくのだろうか。

↓

⑭未来の世田谷区のために、世田谷区基本構想の中では、どれが最も大切だろうか。

資料22　第３時の板書（学習問題）

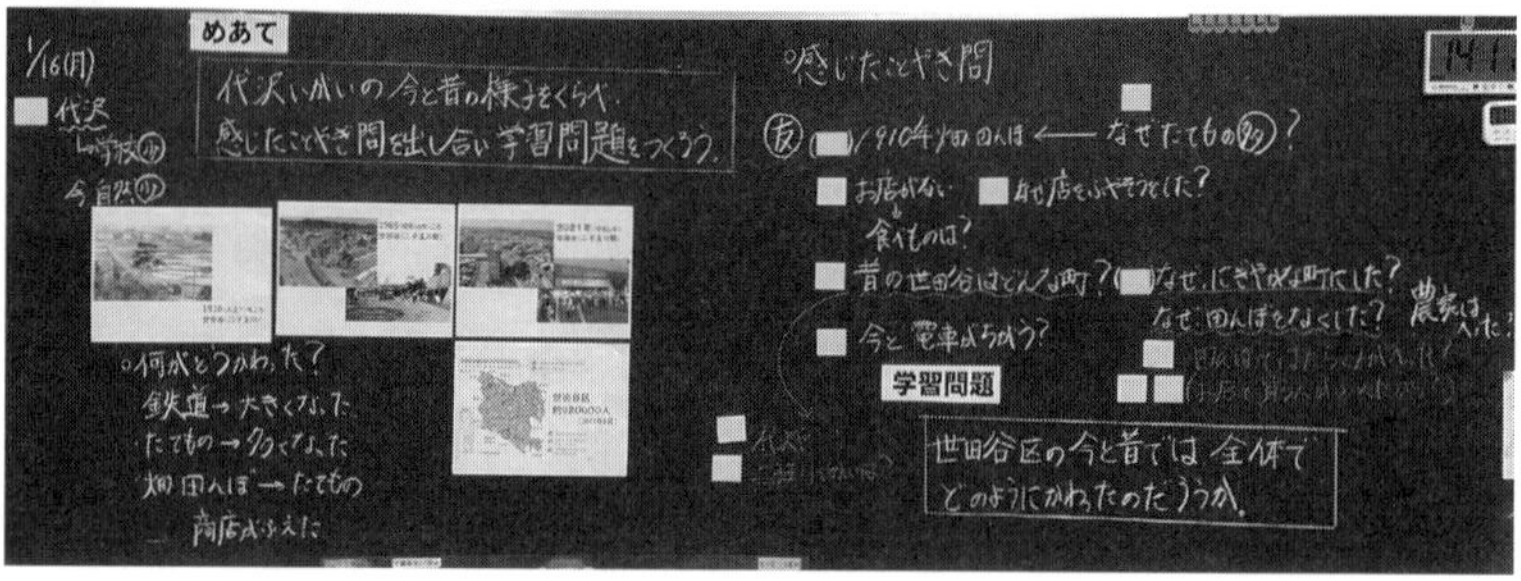


●学校が建設されはじめる。

●京王線、東急田園都市線（の元）ができる。

【昭和前半】

●小田急線が開通する。

●下北沢駅ができたことがきっかけとなり、周辺の都市化が進む。

●世田谷区ができる。

●戦争による被害が比較的少なかったことから、他地域から世田谷区に移り住む人が増える。

【昭和後半～現在】

●区内の小学校が約60校となる。

●環状七号線や環状八号線、高速道路が整備される。

●人口が90万人を超える。

第3時は、学習問題づくりです。話し合いながら学習問題「世田谷区の今と昔では、全体でどのように変わったのだろうか」をつくりました（**資料22**）。

**資料23　第４時の板書（学習計画の問いづくり）**

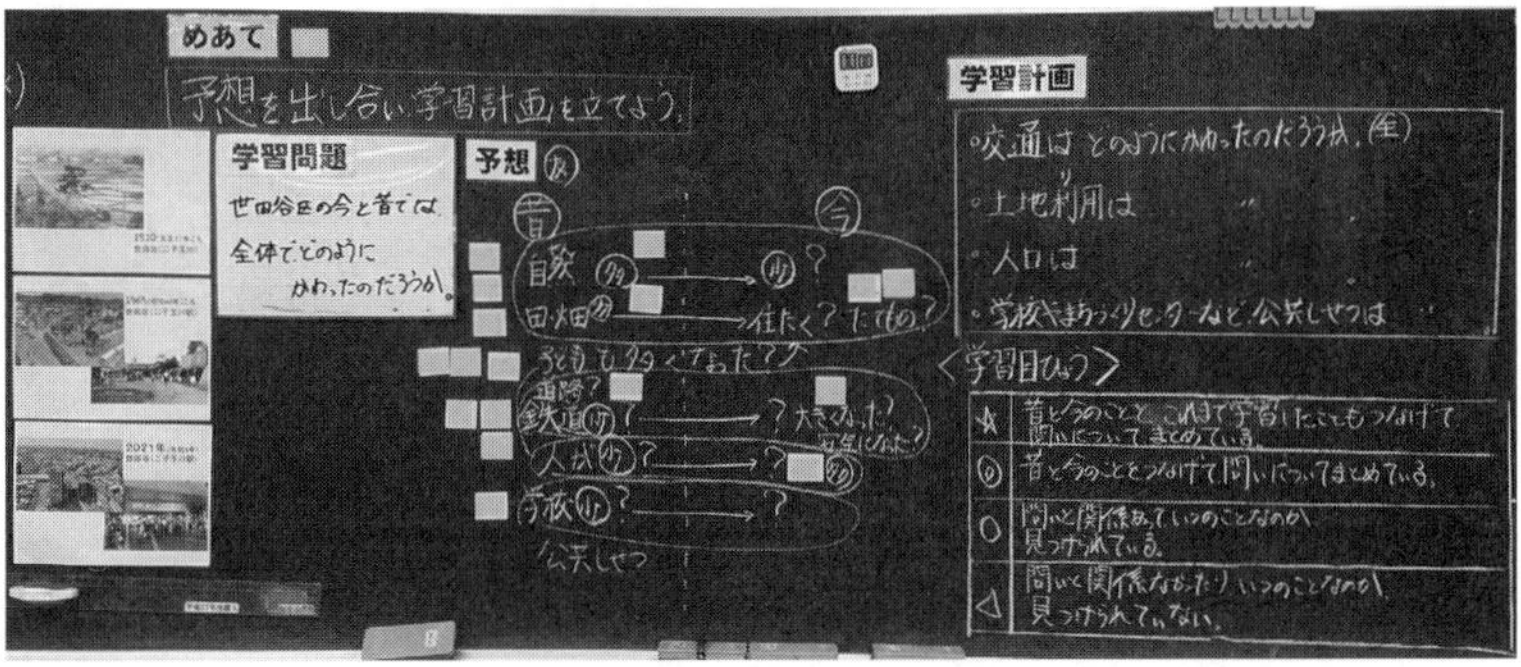


「1910年のころは田んぼや畑が多かったのに、なぜ建物ばかりになったのかな」

「昔はお店がなさそう。食べ物はどこで買っていたのかな」

「田んぼで働く人が減ったから、田んぼがなくなったのかもしれない」

つづく第4時は、学習計画の問いづくりで、学習問題に対する予想を出し合いながらつくっていきました（**資料23**）。

「昔は田んぼや畑が多かったけれど、いまは住宅や建物に変わったのかもしれない」

「鉄道が昔は少なかったけれど、だんだん増えていまのようになったのだと思う」

こうしてつくったのが、次に挙げる（学習問題に紐づく）「小さな問い」です[⑧]。

⑧本来「生活や道具の移り変わり」を扱うのが定石だが、本実践では学習が進んだ段階で「生活や道具」に関する問いを設定している。

●交通は、どのように変わってきたのだろうか。
●土地利用は、どのように変わってきたのだろうか。
●人口は、どのように変わってきたのだろうか。
●（学校やまちづくりセンターなどの）公共施設は、どのように変わってきたのだろうか。

資料24　情報を集めて整理している様子

第5時以降は、右に挙げた「問い」に基づき、「個別追究」を進めていきます。

**資料24**は、タブレット端末を活用しながら問いに正対する情報を集めて整理している様子です（ただし、中学年の子どもが資料を自力で集めることは困難なことから、各種資料や情報を整理するためのワークシートについては、私があらかじめタブレット端末上で活用できるように準備しておきます）。

Aさんは、交通について調べ、時代ごとに整理して次の問いに取りかかりました。**資料25**は、Aさんがロイロノートを使ってまとめたものです。その後、前述した4つの「問い」に対して行った「各自のまとめ」が**資料26**

**資料25　ロイロノートを使ってまとめたAさんのまとめ**

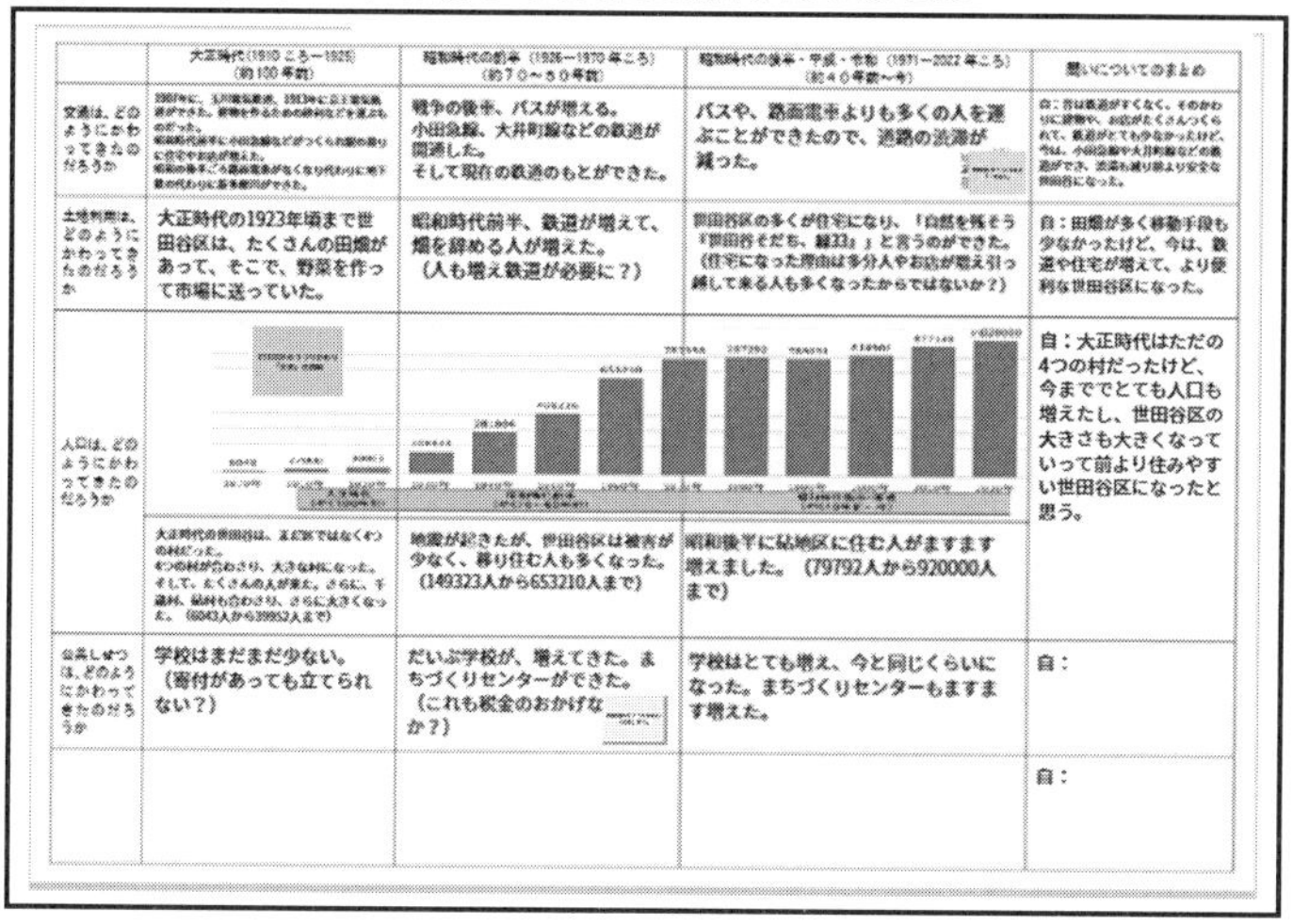


**資料26**　※筆者が抜粋

| 問い | 各自のまとめ |
|---|---|
| 交通は、どのように変わってきたのだろうか。 | 「小田急線や大井町線ができ、渋滞も減りより安全な世田谷区になった」 |
| 土地利用は、どのように変わってきたのだろうか。 | 「田園が多く移動手段も少なかったけれど、今は鉄道や住宅が増えてより便利な世田谷区になった。」 |
| 人口は、どのように変わってきたのだろうか。 | 「大正時代はただの４つの村だったけれど、今まででとても人口の大きさも大きくなっていって前より住みやすい世田谷区になったと思う」 |
| 公共施設は、どのように変わってきたのだろうか。 | 「昔は学校も少なくて住みづらかったけれど、平成から令和になって、学校や住宅も増え住みやすい世田谷区になった」 |

です。「土地利用は、どのように変わってきたのだろうか」という問いに対しては、「移動手段も少なかったけれど」「鉄道や住宅が増えて」といった言葉を用いています。これらの表現から、「土地利用」にかかわる情報に加えて、その前まで自分で調べていた「交通」にかかわる情報も含めてまとめています。

資料27　クラスメイトとまとめを確認し合う様子

加えて、「公共施設は、どのように変わってきたのだろうか」という「問い」に対しては、「住宅も増え」といった土地利用にかかわる情報も含め、「住みやすい世田谷区になった」とまとめています。このことから、Aさんは「個別追究」において調べた事実のみならず、そこで得た情報を関連づけながら自分の考えをまとめていることがわかります。

これらは、作業ありきで終わらない子どもたちの学びの姿であり、学習したことを自ら活用する姿だと言うことができるでしょう。そうした背景には、「この学習は、自分が調べたことを書いて終わりではない。それらをもとにして自分の考えをつくることだ」という目的意識をもっているということです。

**資料27**は、各問いについて自分がまとめたことをクラスメイトと確認し合っている場面です。

「本当にそれでいいのかな」
「もっといい書き方がありそう」
「表に書いたものはちゃんとできているのかな」

こんなやりとりをしていたのが印象的でした。

ただそうは言っても、3年生の子どもたちです。自分のまとめをアップデートするのに役立ちそうな発言も見られましたが、それとは気づかず、自分のまとめを書き直すまでには至りませんでした。とはいえ、自分の考えだけで学習を完結させるのではなく、クラスメイトに自分の考えを聞いてもらいながらチェックしようとする姿が数多く見られました。

**資料28**は、Bくんが1つの「問い」を終え、次の「問い」に進もうとしている場面であり、「自分がいまどの段階にいるのか」を理解していることがうかがわれます。

前述したように、「個別追究」の時間では、「発問」「子どもの意見の板書」などといった教師による関与はありません（教師の関与は、**資料28**にあるように、「まとめ」の枠を設けたり、〈土地利用〉〈人工〉〈公共しせつ〉といった「問いの区分分け」をつくったりすることにとどめています）。

**資料28　次の問いに進もうとしている様子**

加えて、「第4時に1つめの問い、第5時に2つめの問い」といったように、活動を小分けにもしません。第5～8時の4時間のまとまりを通して、4つの問いに対する自分の考えをまとめるといった方法を採用しています。そのため、子どもは「45分×4コマ」の使い方を自分で考えなければなりません。すなわち、学習の進行管理を子どもに委ねているわ

けです。

**資料29**は、Cさんの振り返りです。この記述からも、「学習の目標」に沿って自己評価し、自分の立てた新たな「目標」を実現しようとしている姿が見られます。

**[Cさんの振り返り]**（1月19日）

今日は★だと思います。なぜなら今日は問いにすごく関係のあることを調べて書くことができたし、（中略）前に社会で習った教科書の『わたしたちの世田谷区』の公共施設のことを調べられたのでよかった。次はまた★になりたい。そのために、もっと細かく調べて、これまでに勉強してきたことをたくさん使って書きたいと思います。そしてみんなと共有をたくさんしたいと思いました。

**資料29　Cさんの振り返り**

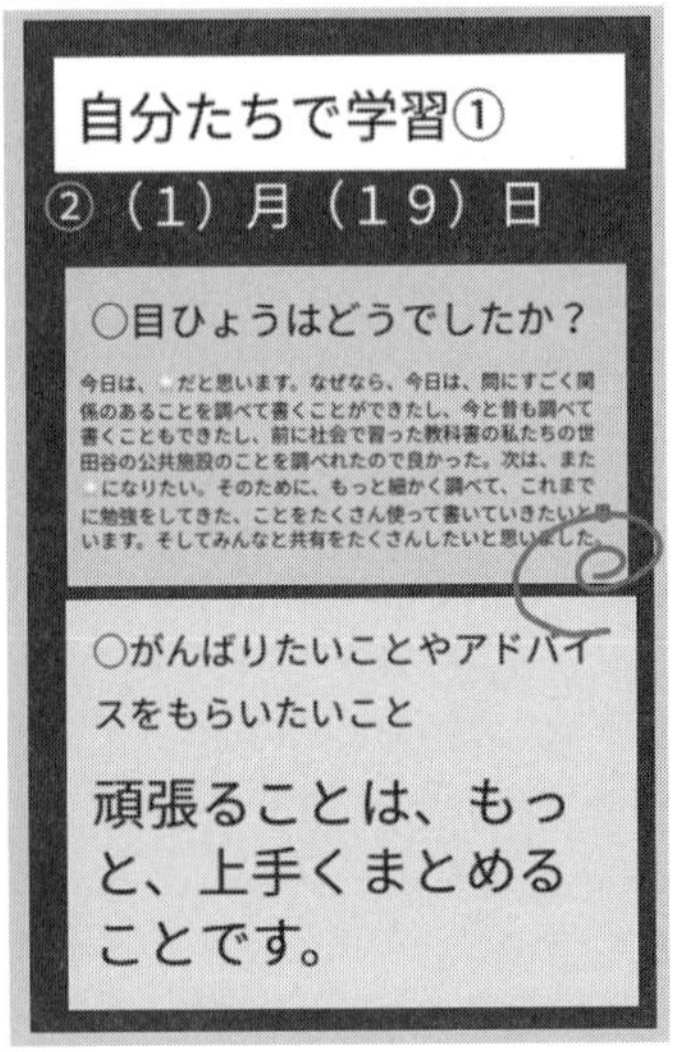
自分たちで学習①
②（1）月（19）日
○目ひょうはどうでしたか？
今日は、だと思います。なぜなら、今日は、問にすごく関係のあることを調べて書くことができたし、今と昔も調べて書くこともできたし、前に社会で習った教科書の私たちの世田谷の公共施設のことを調べれたので良かった。次は、またになりたい。そのために、もっと細かく調べて、これまでに勉強をしてきた、ことをたくさん使って書いていきたいと思います。そしてみんなと共有をたくさんしたいと思いました。
○がんばりたいことやアドバイスをもらいたいこと
頑張ることは、もっと、上手くまとめることです。

「前に社会で習った」という記述から、深く考えるために既習を活用した様子が読み取れます。「もっと細かく調べて」という記述からは、〝問いと関係のある情報を増やすことで、まとめが充実するのではないか〟などと新たな可能性を探る様子も見て取れます。

さらに、「みんなと共有をたくさんしたい」という記述からは、自分の学習の仕方を改善するうえで「協働的な学び」が有効であることを感じ取っていることもわかります。

Dくんは次のように振り返りを書いています。

**［Dくんの振り返り］**（1月30日）

今日の自分の目標は、「どんどん進める」だったけど、まだ「まとめ」もできなかったので目標はできてなかったと思うけど、次の社会科とか家とか中休みのときにやって目標を達成したいです。

この記述からは、今後の授業の予定を確認しつつ、〝どのようなペースで進めていけば学習を終えることができるのか〟という見通しをもって取り組もうとしていることがわかります。加えて、〝どの段階でつまずいてしまっているのか〟〝つまずきを解消するためになにをすべきか〟ということにも目を向けています。

ここには進行管理への意識が感じられます。Dくんは自分の遅れを取り戻そうと、家

資料30　Eさんが作成した関連図

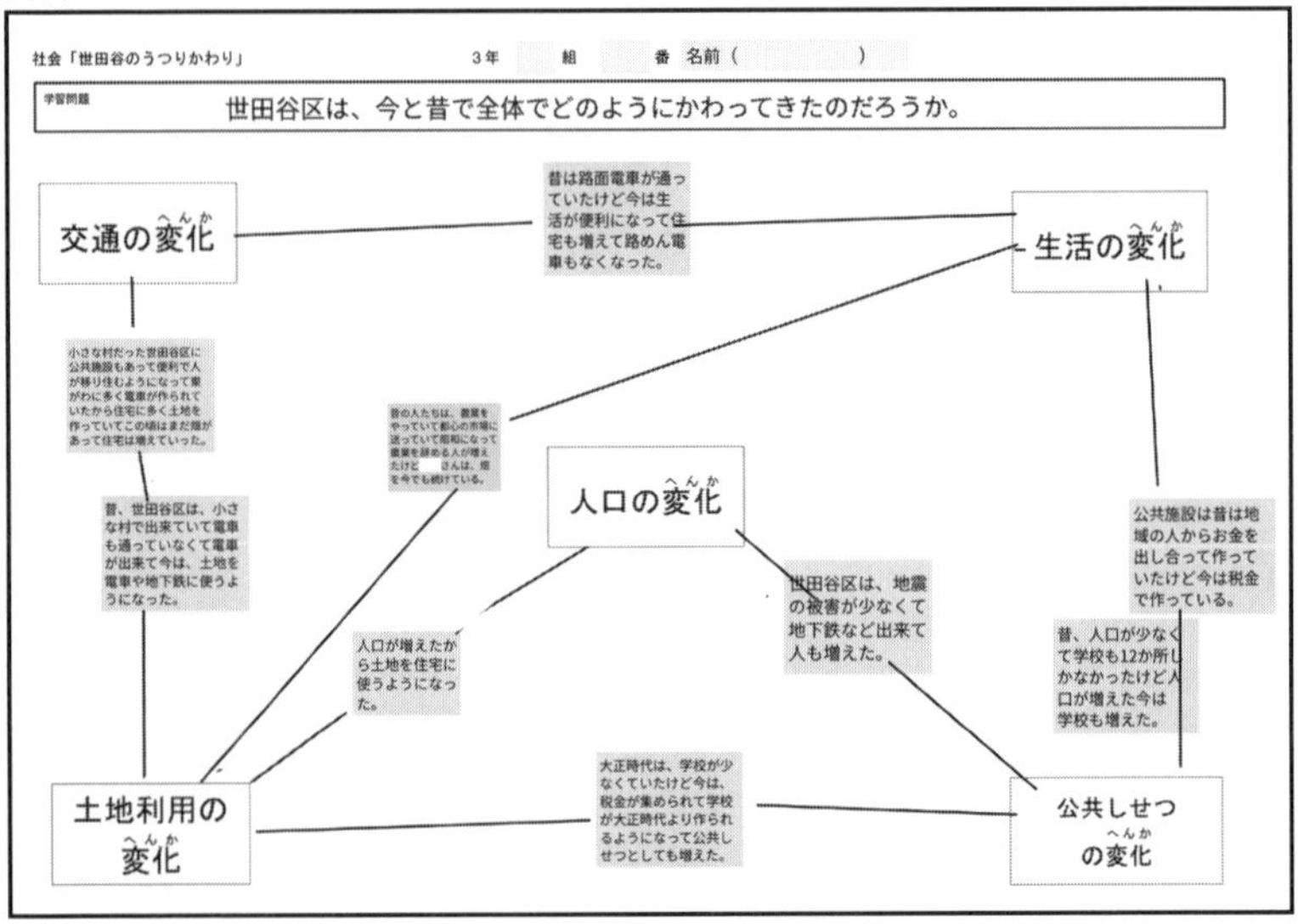


庭で自主学習を進め、すべての「問い」のまとめを終わらせています。

第11時には、「個別追究」を通して自分たちが学んだことを整理して関連図を作成します（因果関係ではなく、相関を表す図です）。

**資料30**は、Eさんが作成した関連図です。Eさんは「人口の変化」と「公共しせつの変化」とを結びつけて「世田谷区は、地震の被害が少なくて地下鉄など出来て人も増えた」と記述しています。

また、「人口の変化」と「公共しせつの変化」とを結びつけて「人口が増えたから土地を住宅に使うようになった」とも記述しています。加えて、区内で農家が減少しているにもかかわらずつづけている人がいることにも着目しています。

関連図制作は個別に行うものなので、その記述内容はバラエティに富みます。また、クラスメイトと意見交換する姿や、早く終わった子が、なかなか作業が進まない子に寄り添い、完成できるようにアドバイスする姿なども見られました。これは、学習を進めていくなかでクラスメイトと協働することの効果や価値に気づいていったからでしょう。

この時間には、教師である私も積極的に子どもたちの学習に参加し、必要に応じて個別に助言します。子どもの記述内容に明らかな誤りがあったり、勘違いをしていたりすることがあるからです（自分主導で学習したことを関連図にまとめる難易度はたいへん高いことから、いくら子どもに委ねるといっても、教師による適切なサポートは必要です）。

**資料31 学びを自ら進めるために必要な要素と関係性**

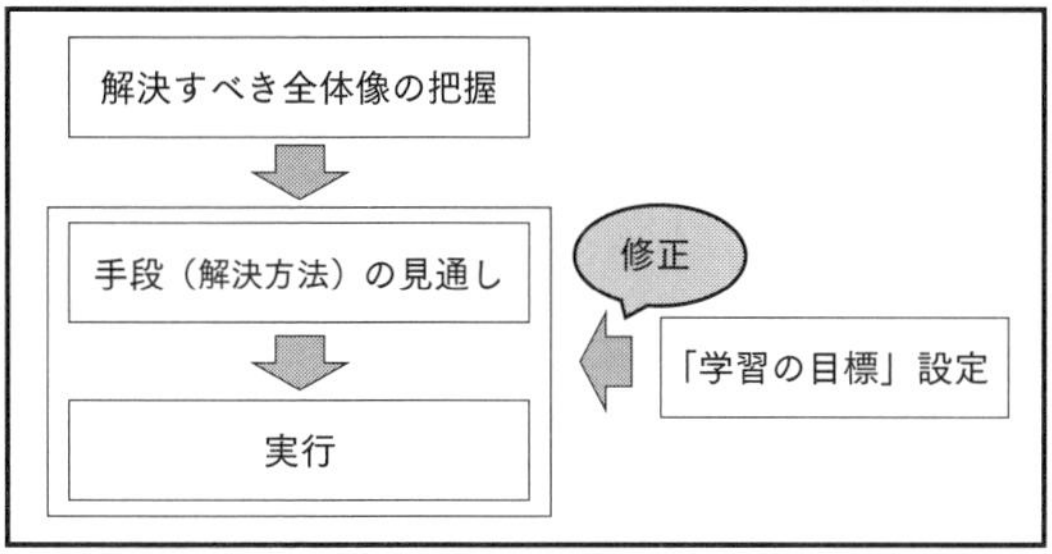


**資料31**は、「学びを自ら進める姿（自分の学習に責任をもってさらなる向上を図る姿）」が現れるために必要となる要素と関係性を表したものです。**「どのような手順で学習を進めていけばよいか」というプロセスだけでなく、「なにをどの程度作業できていれ**

ば、学習が進んでいると見なせるか」を共通理解できていることが、「個別追究」の成否を決めると考えることができるでしょう。

加えて、自分の学習を単なる作業としてではなく、「情報の量と質は十分なのか」「よりよい表現はなにか」といった質的な面にも着目して、改善を図ろうとする意識をもっていることが必要だと思われます。

いずれにせよ、学習を通じて子どものなかに醸成されるのは、「学習を進めるのは自分自身である」という認識です。このような認識が芽生えたとき、子どもは自分の学習に対する責任を果たすことができるようになるのだと思います。

## 調べる順番に自ら意味をもたせ追究する姿

### ―第4学年「水はどこから」（2023年5月の実践）

次に紹介するのは4年生の実践ですが、3年生からのもち上がりの学級であり、前年度の学習を通じて自己調整スキルを自ら鍛えてきた子どもたちです。そんな子どもたちと共に5月に行ったのが「水はどこから」の学習で、単元目標の概略は「飲料水の安定供給の仕組みを捉え、節水に関わって自分にできることを考えることを通して、社会と関わろうとする態度を養う」です（指導計画の概略は**資料32**を参照）。

この実践においても、「調べる」段階で「個別追究」を取り入れています。異なるのは、「調べる順番に自ら意味をもたせ追究する」ことをより意識できるようにしている点です。

**資料32　指導計画「水はどこから」**

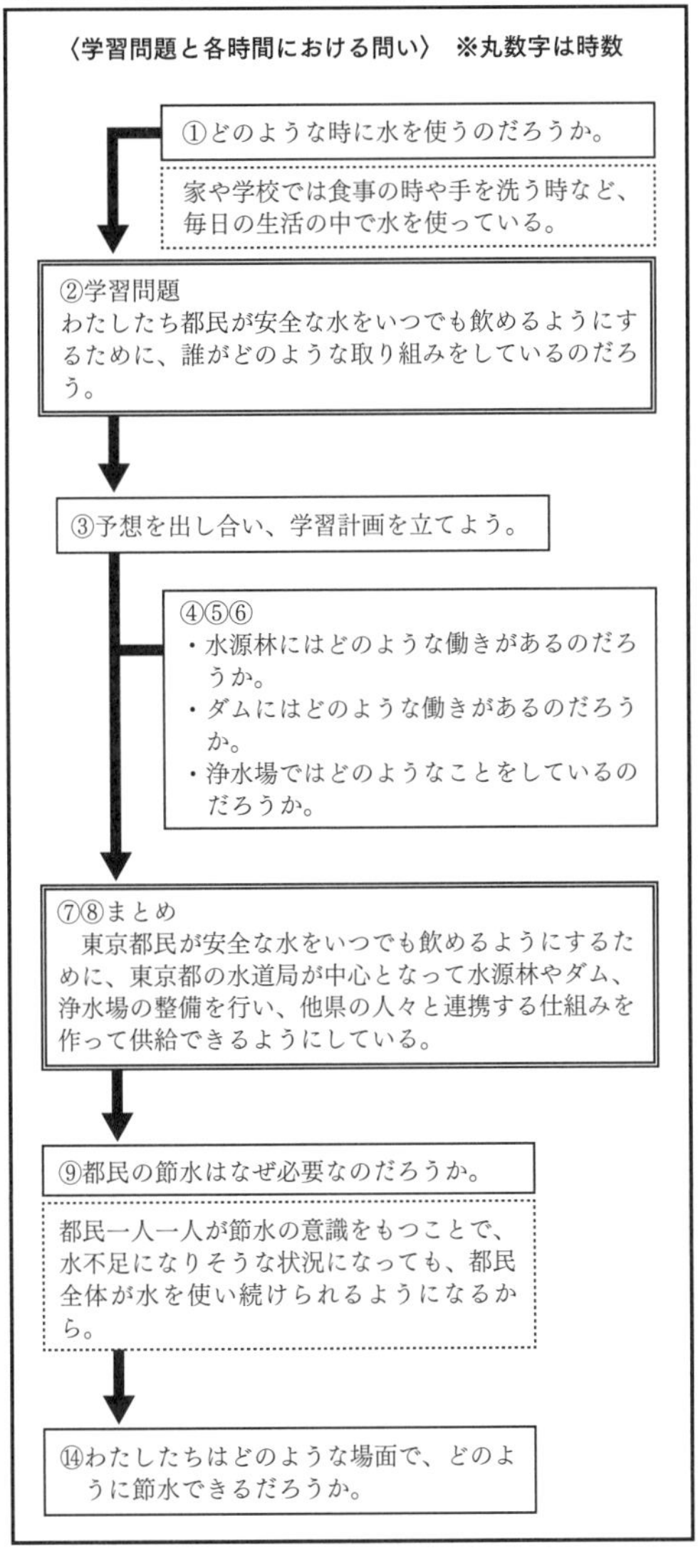
〈学習問題と各時間における問い〉　※丸数字は時数
①どのような時に水を使うのだろうか。
家や学校では食事の時や手を洗う時など、毎日の生活の中で水を使っている。
②学習問題
わたしたち都民が安全な水をいつでも飲めるようにするために、誰がどのような取り組みをしているのだろう。
③予想を出し合い、学習計画を立てよう。
④⑤⑥
・水源林にはどのような働きがあるのだろうか。
・ダムにはどのような働きがあるのだろうか。
・浄水場ではどのようなことをしているのだろうか。
⑦⑧まとめ
東京都民が安全な水をいつでも飲めるようにするために、東京都の水道局が中心となって水源林やダム、浄水場の整備を行い、他県の人々と連携する仕組みを作って供給できるようにしている。
⑨都民の節水はなぜ必要なのだろうか。
都民一人一人が節水の意識をもつことで、水不足になりそうな状況になっても、都民全体が水を使い続けられるようになるから。
⑭わたしたちはどのような場面で、どのように節水できるだろうか。

第2時は学習問題づくりです。

まず次の事実について確認していきました。

①東京都においても、戦後はしばしば水不足が起きていた。

②昔は、現在のように衛生的とはいえなかった。

③その後、東京都の人口はどんどん増加していった。

④東京都の人口は増加したにもかかわらず、もう何年もの間、水不足が起きていない。

その後は学級全体で、昔と現在とを比較しながら、率直に感じたことや疑問を出し合っています。

「1987年のころは、水不足が65日間もあってすごくたいへんだと思いました」

「いまのにつけ足しで、そのときはどうやって過ごしていたんだろうと思いました」

「昔の水は不衛生だったから、病気になってみんな困ったと思います」

「ぼくは、なぜ、いまはたくさん水を使うことができるんだろうと疑問に思いました」

「ぼくも似ていて、人口が昔よりも増えているのに水不足になっていないのはなぜだろうと思いました」

「どうして水が使えるんだろう、しかもきれいな水が…」

「みんなの疑問についてなんですけど、だれかがなにかしているのかなと思いました」

**資料33　資料への子どもの書き込み**

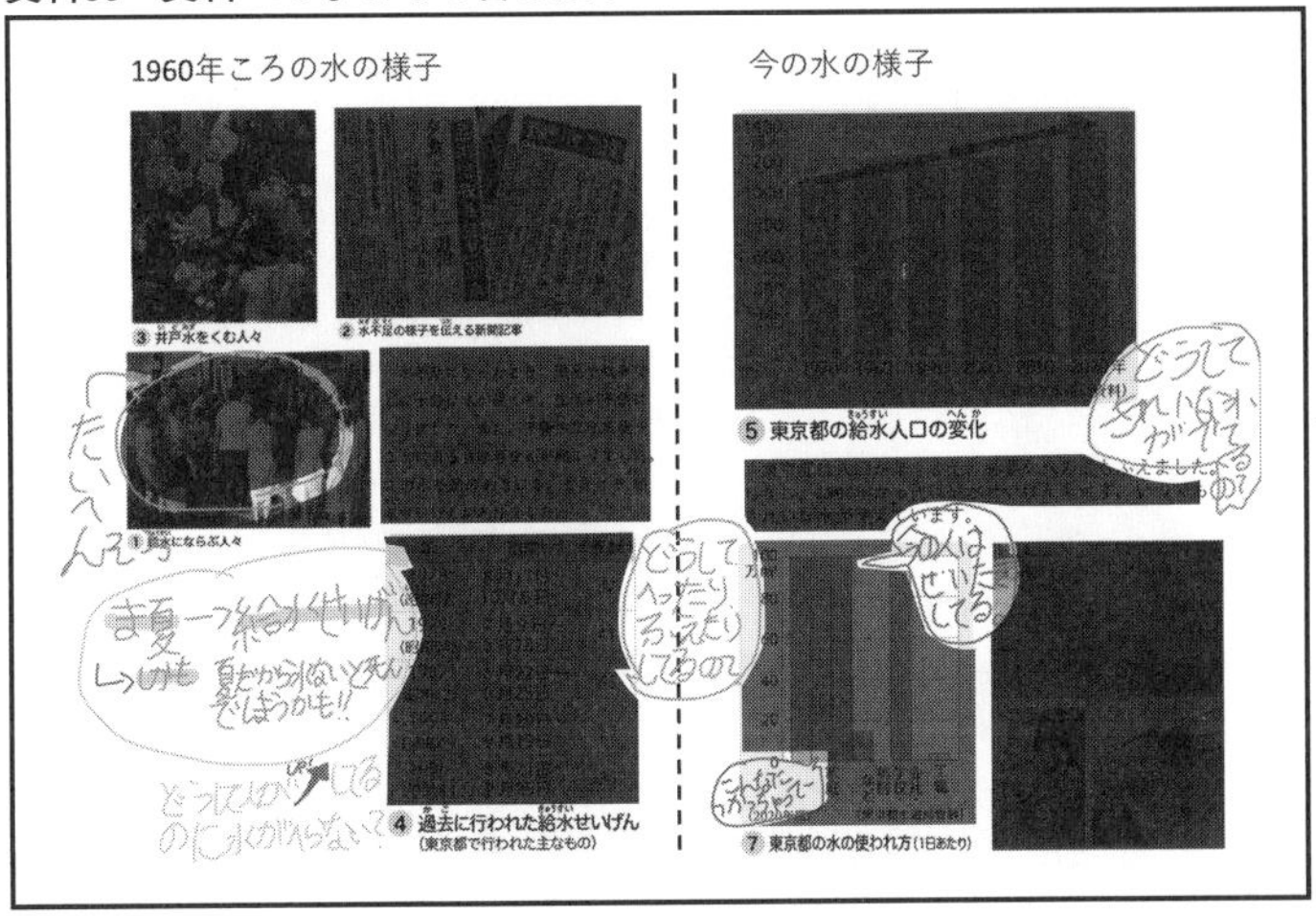


［出典］「わたしたちの東京都」（明治図書出版、2023年）
※子どものメモ書きを強調するために、資料部分は伏せている。

「私もつけ足しで、きれいにする方法をなにか考えているのかなと思いました」

Aさんは、みんなとの話し合いの最中、次のメモを資料に書き込んでいます（**資料33**）。

- 真夏の給水制限。水がないと死んでしまうかも。
- どうして人が増えているのに、水が減らない？
- （家庭の使用量が多いので）こんなに使っちゃって。いまの人はぜいたくしている。

こうした疑問をもとにしながら話し合ってつくったのが、学習問題「昔に比べてわたしたち都民がきれいな水をいつでも使え

資料34　第２時の板書（学習問題）

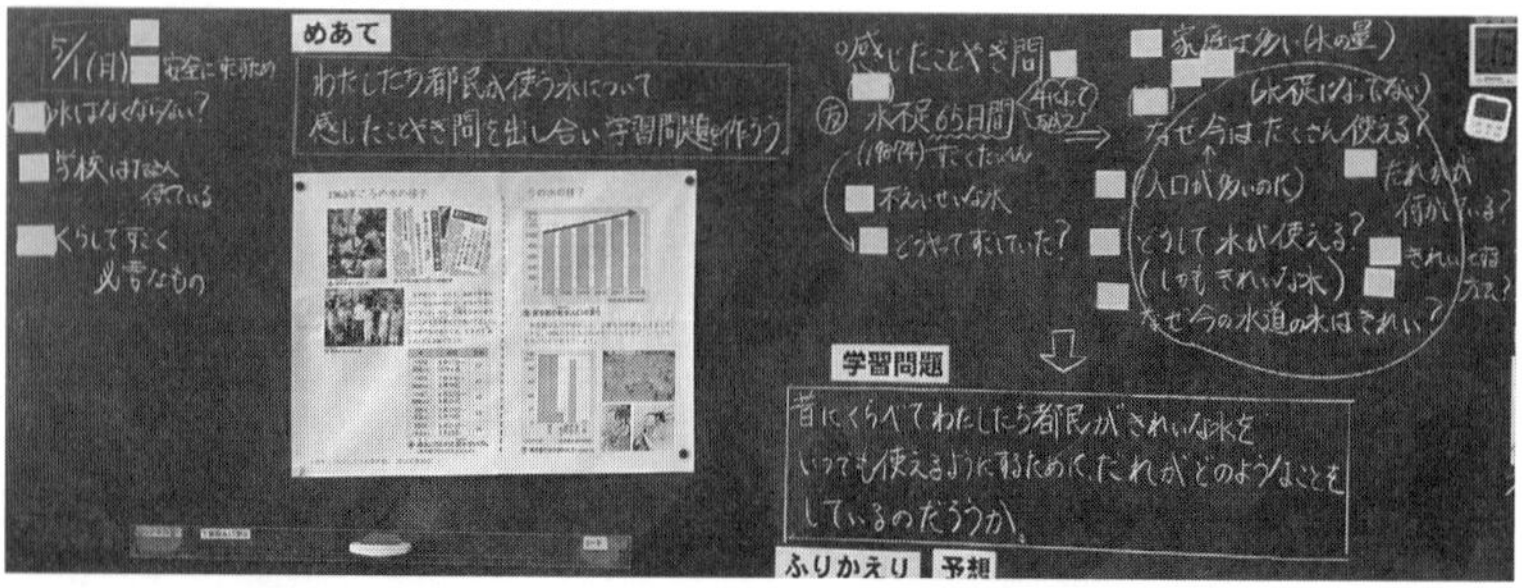


資料35　第３時の板書（学習の目標）

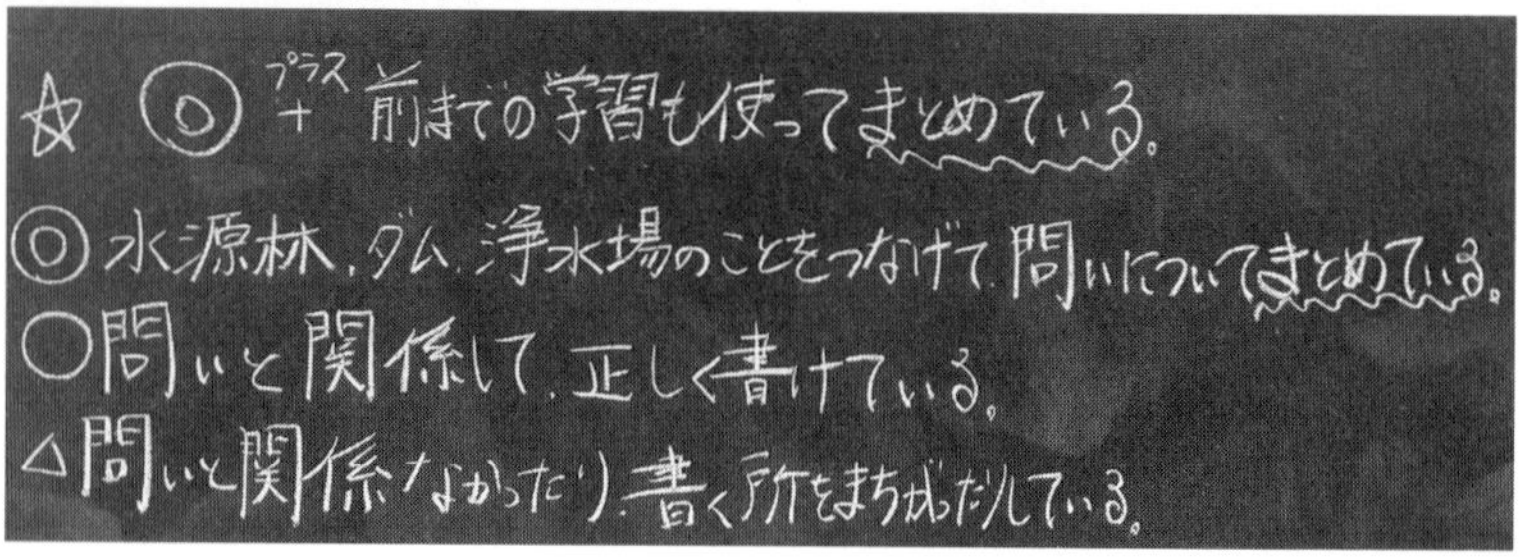


るようにするために、だれがどのようなことをしているのだろうか」です（**資料34**）。

つづく第3時は学習計画づくりです。飲料水を家庭まで届ける施設の配置を記した資料を見ながらつくっていきます（**資料35**は、子どもたちと共有した「学習の目標」を板書したものです。この「学習の目標」については第3章で詳述します）。

**【学習計画】**

●水源林は（きれいな水をいつでも使えるようにすることと）どのように関係しているのだろうか。

●ダムは、どのような役割があるの

だろうか。

●浄水場では、どのようなことをしているのだろうか。

その後は学習計画に基づき、子どもたちが「どのような順番で調べていくか」を考えていきます。もっとも多かった順番は「水源林→ダム→浄水場」で、Bさんは、次の理由を挙げています。

**資料36　Cさんの考えた調べる順番**

学習計画づくり

③（5）月（8）日

僕は水源林から調べたいと思った。どうしてかというと、水源林はどのようなものか正確にわかっていないから、他のダムや浄水場と繋げられる自信がない。だから、調べられると、他の問いと繋げられると思ったから。2番目は、ダムについて調べたい。浄水場は大体、どのような施設かわかるけど、ダムはあんまり知らないから2番目に知らないダムからやろうと思った。最後に浄水場を調べたいと思う。どうしてかというと、どういう施設かわかっていて、今日の予想する時間の地図を見たときに順番的に最後の方だったから繋げやすいと思ったから。次からの授業、頑張りたい。

水源林の高い位置から水が来ているのかが先に知りたいからです。あと、水源林からダム、浄水場につながりそうだからです。

Cさんは「水源林はどのようなものか正確にはわかっていないから」「浄水場…どういう施設かわかっていて」「ダムはあんまり知らないから」と記述しており（**資料36**）、「自分がよくわかっていない事柄を優先的に調べよう」といった考え方に基づいて調べる順番を決めています。

Dさんは、「ダムは1番水が溜まってて最初にやったほうがいい」「浄水場はその水をろかする場所だからダムの後にして」と記述しており（**資料37**）、「飲料水ができるまでの過程」を強く意識していることがわかります。さらに興味深いのは「水源林はあまり分かってないから最後にしようと思った」と書いている点です。

Dさんの記述した理由を俯瞰すると、次の考えをもっているといえます。

**●最初の地点である「水源林」から順に調べたほうが理解できるはずだ。**
**●自分がとっつきやすいところから取りかかったほうが効率よく調べられるはずだ。**

**資料37　Dさんの考えた調べる順番**

学習計画づくり
③（5）月（8）日

ダム、浄水場、水源林にしようと思ったなんでかというとダムは1番水が溜まってて最初にやったほうがいいと思ったから浄水場はその水をろかする場所だからダムの後にしてそして水源林はあまり分かってないから最後にしようと思った。

**資料38　Eくんの考えた調べる順番**

学習計画づくり
③（5）月（8）日

僕は水源林から調べてそのあとダムを調べて、最後に浄水場を調べたいと思います。なぜなら家庭や学校、会社に送られる水の通り道は、水源林とダムから出て、浄水場を途中で通っていくから、水の通り道と一緒の順番で学習したら、「水源林・ダム・浄水場のことを繋げて、問いについてまとめている。」という◎の目標になるのが簡単になりそうだからです。そして◎がいけたら、☆もなれるようになるからです。

いずれも自分の認識の仕方を振り返りながら、自分に合った学習方法を見いだそうとする姿です。

Eくんも、「水源林→ダム→浄水場」の順

資料39　「個別追究」の様子を表した板書

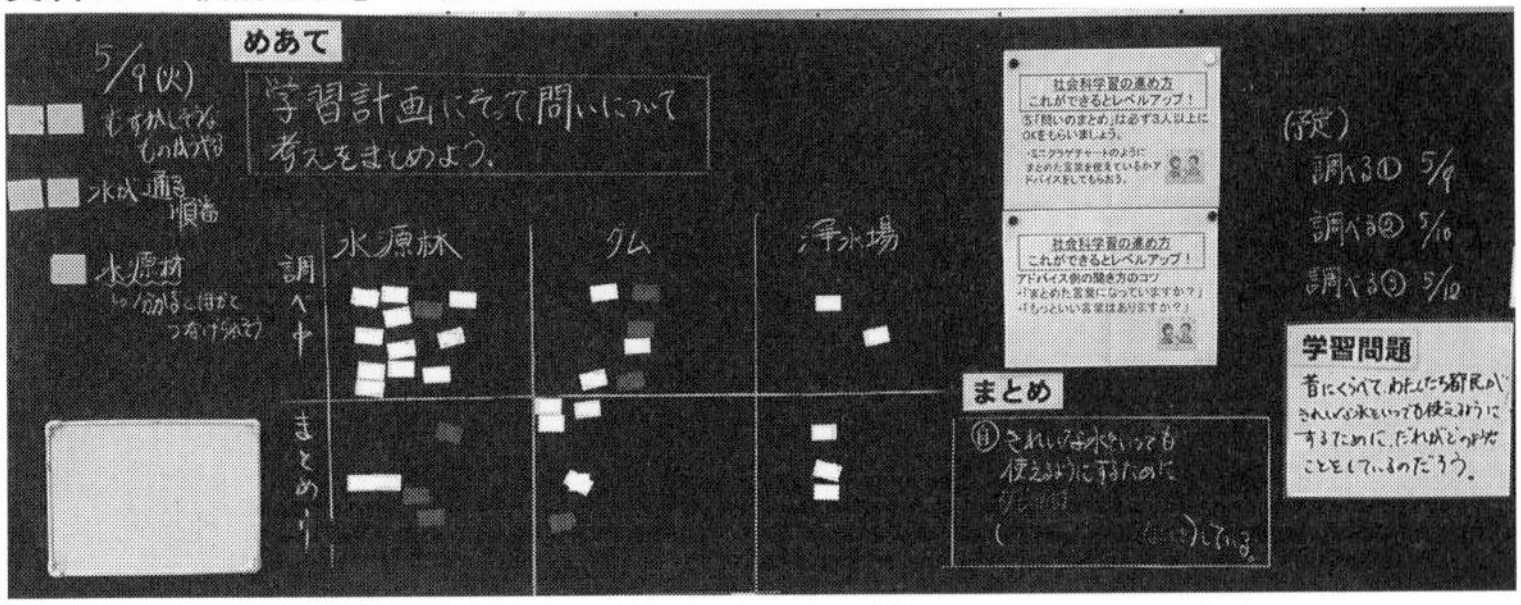


で調べる学習計画ですが、その順番を考えた理由が印象的です（**資料38**）。

（飲料水の過程と）一緒の順番で学習したら、「水源林・ダム・浄水場のことを繋げて、問いについてまとめている。」という◎の目標になるのが簡単になりそうだからです。そして◎がいけたら、★にもなれるようになるからです。

Eくんは「◎の目標になる」と「学習の目標」をゴールと見做し、効率的にたどり着くためにはどのように調べるのがよいかを逆算で考えているわけです。

**資料39**は、第4～第6時に行った「個別追究」の様子を表した板書です。子どもたちは、自分が最初に取り組む「問い」のスペースに名札マグネットを貼っています。

その後、自分が選択した「問い」のブースに分かれて資料を基に調べていきます（「浄水場」は黒板近くのスペース、「ダム」

資料40　水源林について調べる子どもの様子

は教室後方のスペース、「水源林」は窓側のスペースとするなど、3つの「問い」ごとに教室を区画分けしています）。

**資料40**は「水源林」について調べている子どもたちの様子です。一人は動画を再生し、もう一人はタイピングしながらメモを取っています。この子たちは、その後、何度も動画を確認しながら正確にメモを取ろうと努めていました。こうした（動画を1回視聴しただけではわからないことに気づけるなど）容易にやりなおしが効くというのもＩＣＴ活用の強みでしょう。

このように、「個別追究」においては、教室という同じ空間にいながらにして、それぞれの学び方で学習を進めていきます。

ほかにも、一人で座り、集中して学習を

**資料41　自分に合った方法で学習を進める様子**

進める姿や、黒板を前にして自分の学習進行を確認する姿もあれば、手前のほうでは、クラスメイトと意見交換する姿もあります（**資料41**）。

　こうした姿は、休み時間に見かける教室の光景と似ているように感じます。友達同士でじゃれ合う子、一人で本を読んでいる子、なにやら真剣な調子で話し合っている子、教師にちょっかいを出している子などなど。互いにかかわり合うメンバーもクルクル替わります。

　教室における子どもの行動はすべて学びだと考えるならば、「個別追究」は、教師にとっては新しい試みであっても、子どもたちにとっては〝いつもしていること〟の延長なのかもしれません。

資料42　Ｆさんのデータチャート

| | 何をしているか | 誰がしているか | 学習問題とつなげてまとめる |
|---|---|---|---|
| 水源林は、きれいな水をいつでも使えるようになることと、どう関係しているのだろうか。 | ・水道水源林を元気な森にするために暑い日も寒い日も森に入る。<br>・水道水源林には人工林と、天然林がある。<br>・人工林は手入れをしないと木の数が多すぎることや、枝がのびすぎたりすることがあって、日があたらなくなってしまう。（育たなくなってしまう。） | 水道局の人 | 自：綺麗な水をいつでも使えるようにするために、水道水源林は、落ち葉が水道水源林にいる小さな生き物たちに食べられると、細かくなって土がふかふかになり、雨水が染み込みやすくなり、土の層を通っていく中で、汚れがとれてきれいな地下水になって、川に流れていき、私たち都民にとどけることをしている。 |
| ダムにはどのような役割があるのだろうか。 | ・水道水源林から川を通り、水がとどくのはダム。<br>・東京都の奥多摩町にある小河内ダムは、東京の水がめと呼ばれている。<br>・小河内貯水池は、日本最大級の水道専用貯水池で、東京で使われる水道水およそ40日分をたくわえられる大きさ。 | 水道局の人<br>ダムを作るところに住んでいた人 | 自：綺麗な水を使えるようにするために、川などの水をせき止めて、水をためておいたり、雨などの量によって水の量をちょうせつする役割が、ダムにある。 |
| 浄水場では、どのようなことをしているのだろうか。 | ・浄水場は、ダムの次に来る場所。<br>・浄水場は、河川からとった水を安心してのめる水道水にするために、処理を行なっている。<br>・今、東京都では10の浄水場を管理している。<br>・浄水場は、たくさんの水道水をつくっている。<br>・約、東京ドーム6つ分の広さがあり、約、8時間かけて川の水から安心してのめる水道水をつくっている。 | 水道局の人 | 自：綺麗な水を使えるようにするために、川の水から五つの段階をこなした安全な水を届けることをしている。 |

**資料42**は、「個別追究」を進めてきたことを整理したＦさんのデータチャートです。「ダムは、どのような役割があるのだろうか」という「問い」について、次に挙げる情報を集め、まとめています。

**【集めた情報】**

●水道水源林から川を通り、水が届くのはダム。

●小河内ダムは東京の水がめと呼ばれている。

●小河内貯水池は（中略）東京で使われる水道水のおよそ40日分を蓄えられる大きさ。

**【問いについてのまとめ】**

●きれいな水を（いつでも）使えるようにするために、川などの水をせき止めて、水をためておいたり、雨などの量によって水の量を調節する役割がダムにある。

Gさんは「水源林↓ダム↓浄水場」の順に学習を進めたことで、川とダムのつながりについての理解を深めています。加えて、水源林の水質がある程度保たれていることをとらえつつ、浄水場の働きにつなげて考えています。

**資料43**は「問いについてのまとめ」を検討し合っている子どもの姿です。次のような対話が行われていました。

**資料43　まとめを検討し合う様子**

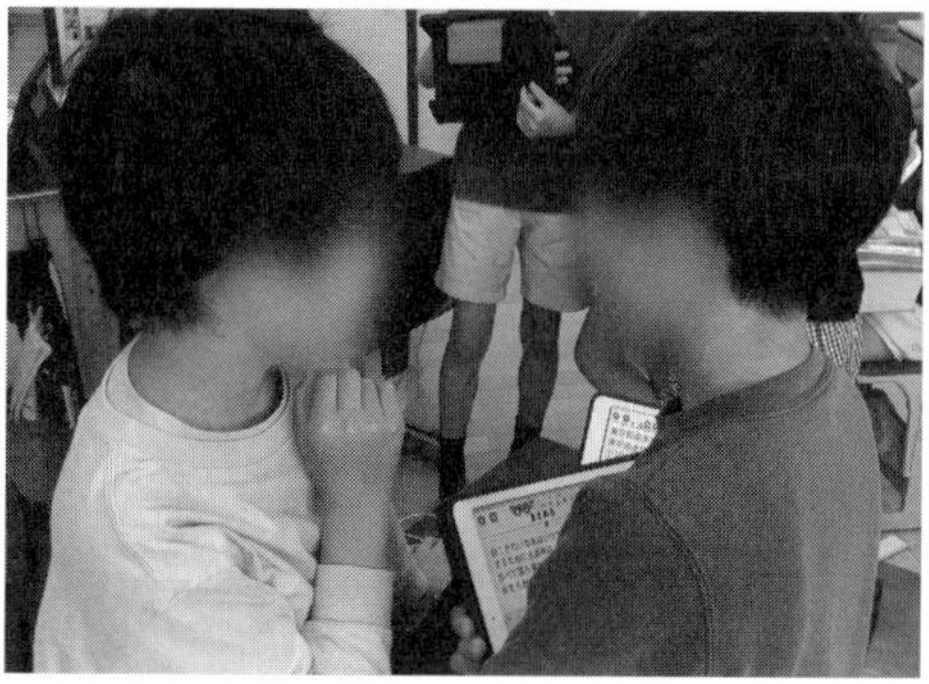

「この水源林についての『問いのまとめ』はどうかな」
「うーん、もっと『まとめた言葉』を使うといいかも。たとえば、『きれいな地下水になるように』とか」

子ども一人一人がこのように学習を進めていければ、調べた事実の羅列で終わってしまう「まとめ」にはならないと思います。「問い」を意識した言葉、自分なりに考えた言葉、クラスメイトからもらったアドバイスなどが、なんらかの形で「まとめ」に盛り込まれるはずです。

実際、私がかかわってきた子どもたちの姿を見る限りはそうです。教師である私が必要な事前準備を行い、適切な手だてを講じて委ねれば、子どもは自ら学習を進めつつ、

| | 何をしているか | 誰がしているか | 学習問題とつなげてまとめる |
|---|---|---|---|
| 水源林は、きれいな水をいつでも使えるようになることと、どう関係しているのだろうか。 | ・森林は落葉などが積もる<br>・降った雨は土にたくわえている<br>・このように水道水源林に蓄えられた少しずつ流れていき川になる<br>・森林の水は家庭の綺麗な水に繋がっている<br>・こうした働きから森林は緑ダムと言われている | 虫が落葉を食べたら細かい落葉が段々土と一体化して柔らかくなり水をその土にかけるとスポンジのように柔らかく吸収する土になる。 | 自：綺麗な水をいつでも使えるようにするために水源林では、小さい虫が落葉を食べて細かくなった落葉が土に一体化して柔らかくなりスポンジ状になるから虫が落葉を食べて土を柔らかくしている。 |
| ダムにはどのような役割があるのだろうか。 | [illegible] | ダム建設現場で働く人は、山に何日もこもって何日も家に帰らずダム作り取り組んでいる。 | 自：ダムはいつでも安定した水を送るためにダムでは川などの水を堰き止めてダムの水を溜め込んでいるだから私たち都民が暮らす東京都に安心安全な水が送られている。 |
| 浄水場では、どのようなことをしているのだろうか。 | ・今の東京都では10の浄水場を管理している<br>・浄水場は沢山の水道水を作っている<br>・浄水場は、東京ドーム6個分ある広さ<br>・水道水源林、ダムの次に行く所は浄水場<br>・浄水場は河川の水を綺麗にしている<br>・8時間かけて綺麗にしている<br>・塩素を入れて飲める水にしている<br>・色々な事をしても綺麗にならない水が稀にある<br>・水の味を悪くするカビなどを浄水場で取り除いている | 浄水場は職員が原水、凝集沈殿、高度浄水処理、ろか、塩素消毒をしているから浄水が出来る。 | 自：浄水場は皆んなが綺麗な水を飲めるために浄水場は、原水から濾過とか消毒などしているから私たち都民が暮らす東京都に綺麗な飲める水が届く。 |

クラスメイトとも対話しながら自分の考えを練り上げていける（複数の事実を組み合わせながら、社会的事象の特色や意味に気づける）のだと感じています。

　さて、第7時（「個別追究」の3回目）がはじまろうとしていたときのことです。Hさんが私に切り出してきました。

「先生、前回でもう全部の問いが終わったんですけど、もう一度調べ直していいですか」

　私が「いいですよ」と言うと、Hさんは「ダム」のブースに机を動かしタブレットに向かいはじめました。しばらくすると今度は「浄水場」のブースに向かいました。

　Hさんは当初、「ダム」と「浄水場」の項目に次の情報を書き入れていました。

資料44　調べ直しを行った後のＨさんの書き込みの変化

| | 何をしているか | 誰がしているか | 学習問題とつなげてまとめる |
|---|---|---|---|
| 水源林は、きれいな水をいつでも使えるようになることと、どう関係しているのだろうか。 | ・森林は落葉などが積もる<br>・降った雨は土にたくわえている<br>・このように水道水源林に蓄えられた少しずつ流れていき川になる<br>・森林の水は家庭の綺麗な水に繋がっている<br>・こうした働きから森林は緑ダムと言われている | 虫が落葉を食べたら細かい落葉が段々土と一体化して柔らかくなり水をその土にかけるとスポンジのように柔らかく吸収する土になる。 | 自：綺麗な水をいつでも使えるようにするために水源林では、小さい虫が落葉を食べて細かくなった落葉が土に一体化して柔らかくなりスポンジ状になるから虫が落葉を食べて土を柔らかくしている。 |
| ダムにはどのような役割があるのだろうか。 | ・安定した水を送っている<br>・川の水を堰き止めて水を貯める<br>・川に出る水の調節をしている<br>・水を溜めている<br>・ダム建設工事をした<br>・ダム、貯水地は他の県にもある<br>・水道水源林から川を通ってダムにたどり着く<br>・ダム全体で東京都の使う量、役40にち分 | ダム建設現場で働く人は、山に何日もこもって何日も家に帰らずダム作り取り組んでいる。 | 自：ダムはいつでも安定した水を送るためにダムでは川などの水を堰き止めてダムの水を溜め込んでいるだから私たち都民が暮らす東京都に安心安全な水が送られている。 |
| 浄水場では、どのようなことをしているのだろうか。 | ・今の東京都では10の浄水場を管理している<br>・浄水場は沢山の水道水を作っている<br>・浄水場は、東京ドーム6個分ある広さ<br>・水道水源林、ダムの次に行く所は浄水場<br>・浄水場は河川の水を綺麗にしている<br>・8時間かけて綺麗にしている | 浄水場は職員が原水、凝集沈殿、高度浄水処理、ろか、塩素消毒をしているから浄水が出来る。 | 自：浄水場は皆んなが綺麗な水を飲めるために浄水場は、原水から濾過とか消毒などしているから私たち都民が暮らす東京都に綺麗な飲める水が届く。 |

【ダム】
●川の水をせき止めて水を貯める
●川に出る水を調節している
●ダム全体で東京都の使う量、約40日分（誤字あり）　など

【浄水場】
●水道水源林、ダムの次に行くところは浄水場
●浄水場は河川の水をきれいにしている
●8時間かけてきれいにしている　など

調べ直しを行った後は、次の情報を書き加えています（資料44）。

【ダム】
●川の水が汚れていることがある

●川の水とダムの水を検査している
●ダムをつくるときに住んでいた人（がいた） など

［浄水場］

●塩素を入れて飲める水にしている
●いろいろなことをしてもきれいにならない水がまれにある
●水の味を悪くするカビなどを浄水場で取り除いている など

この書き加えられた記述をみると、各施設で働く人々の「工夫」「努力」「苦労」について言及していることがわかります。とても印象深かったので、第7時終了後の休み時間に、「3つの問いを調べ終わっていたのに、どうして『もう一度調べ直そう』と思ったの？」と聞いてみました。すると、「もう終わったんだけど、友達が調べている量を見て『もっと調べたほうがいいかな』って思ったので、調べ直しました」と答えてくれました。

いったんは「よし！終わった！」と思った学習を見つめ直し、「本当にこれでいいのかな」と疑問に思って（Hさんの場合には不安に近い疑問だったと思いますが）、「もう一度調べ直そう」と考え行動に移せるのは、本当にすごいことだと私は感じました。

ここには、「調べ直すのは自分の成長に必要なことだ」「自分にはそれができるはずだ」

**資料45　フローチャート形式でまとめたＩくんの関連図**

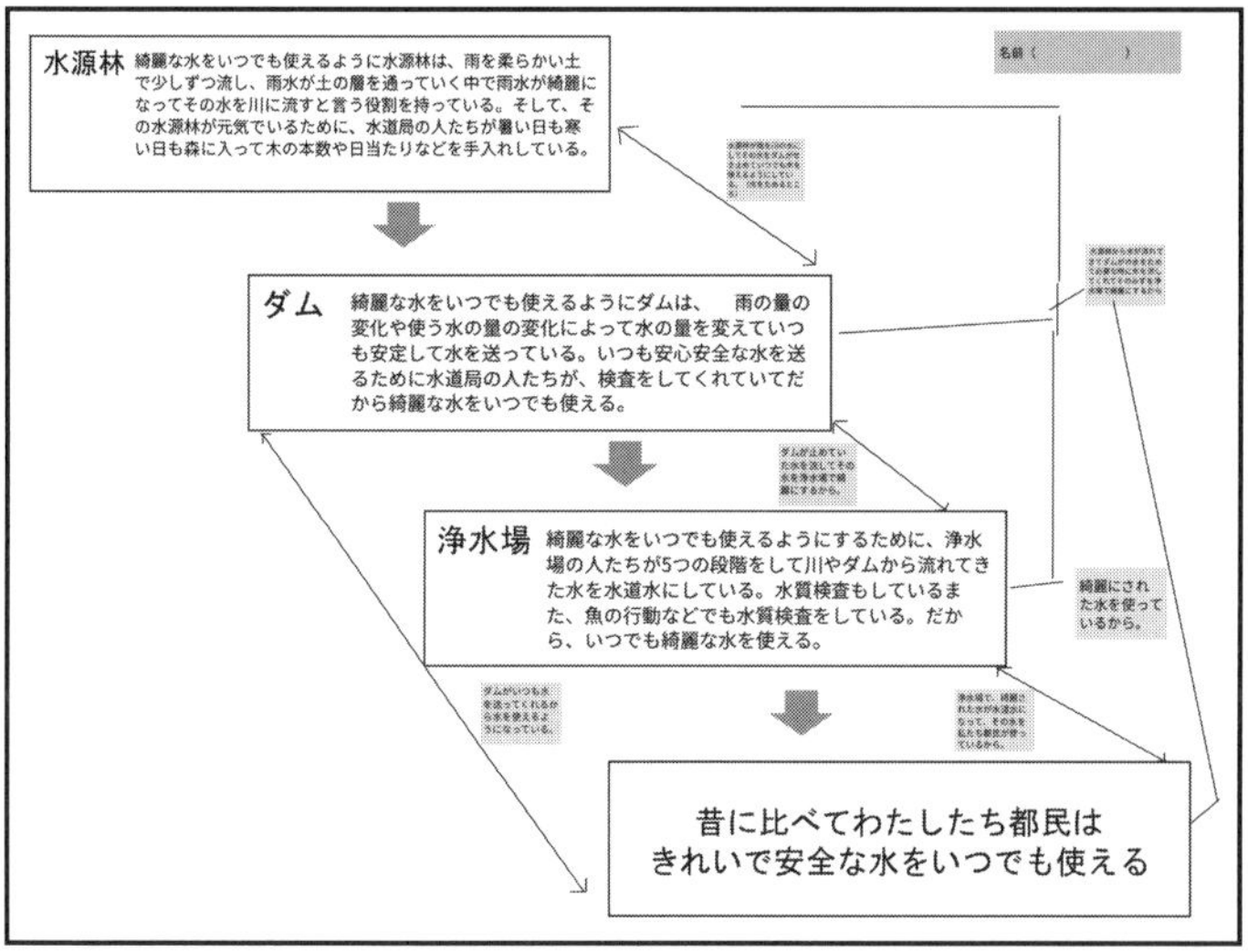


という心構えを感じます。まさに、「学習の責任を果たそうとする姿」そのものであり、その根底には「自己効力感」に裏打ちされた明確な動機づけがあります。

第8時では、（「世田谷区の移り変わり」の学習と同様に）各自が調べてきたことを関連図にまとめます。

Ｉくんはフローチャート形式でまとめていました（**資料45**）。

**【フローチャート】**

●水源林が雨を川の水にして、その水をダムがせき止めていつでも水を使えるようにしている。

●ダムがいつも水を送ってくれるから水を使えるようになっている。

**資料46　特性要因図形式でまとめたＪさんの関連図**

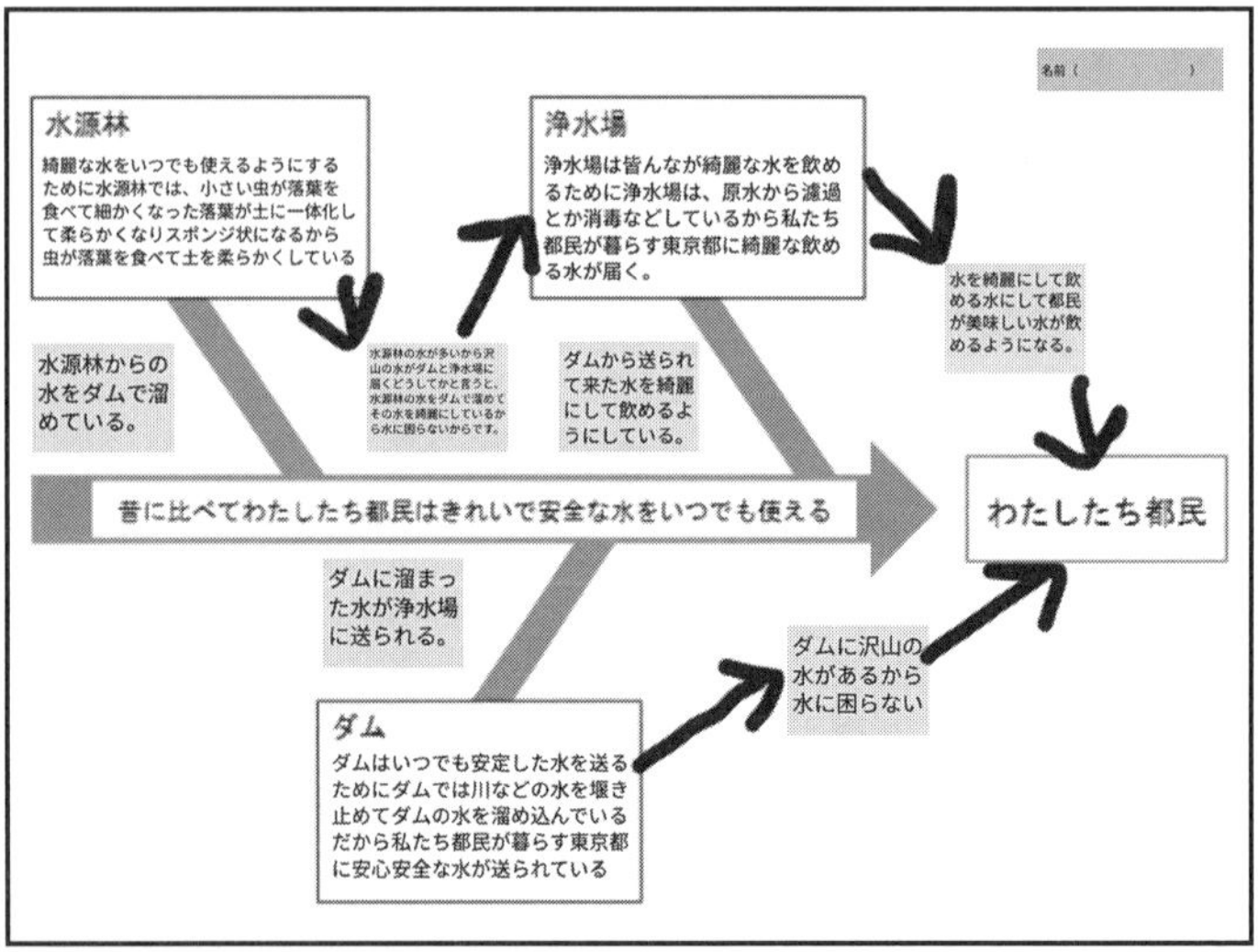


●ダムが止めていた水を流して、その水を浄水場できれいにする。

●浄水場できれいにされた水が水道水になって、その水を私たち都民が使っている。

Ｊさんは特性要因図形式でまとめています（**資料46**）。

**【特性要因図】**

●水源林の水が多いからたくさんの水がダムと浄水場に届く。水源林の水をダムで貯めて、その水をきれいにしているから水に困らない。

●水をきれいにして飲める水にしている。都民がおいしい水が飲めるようになる。

**●ダムにたくさんの水があるから水に困らない。**

このように、子どもが自分で立てた計画に則り、調べた情報をもとに関連図にまとめ、「都民がいつでもきれいな水を飲める」理由を見いだしています。

関連図のフォーマットは私が決めています。しかし、どのようなコメントを書き、どこに配置するか、どのコメント同士を線でつなげるか、矢印はどちら向きにするかなどについては、子どもが創意工夫を凝らして作成します。その跡が見て取れる関連図になっていることがわかります。

単元の最後には、子どもたちに「自分で考えた調べる順番」に対する振り返りを書いてもらっています。

Kくんは「水源林→ダム→浄水場」の順に調べた子で、「うまくいくことができました」と自己評価しています。その理由は「(もしこの順番でなければ) 水源林、浄水場とやって動画を見ているときにダムのことが出て来たら、ちんぷんかんぷんになる」と記述しています。

つまり、飲料水になるまでの過程を時系列に調べていなかったら、「水源林」「ダム」「浄水場」それぞれの関係性や役割がわかりにくくなってしまうと考えていることがわかります（**資料47の「上」**）。

Lさんは「ダム↓浄水場↓水源林」の順に調べた子で、「うまくいったと思った」と自己評価しています。その理由は「水が一番溜まっているダムがどうなのかを調べたら次のことがわかりやすくなる」と思ったからであり、そうすることで「1番わからなかった水源林で（中略）少し簡単になったので」と記述しています（**資料47の「中」**）。つまり、「大づかみに学習する」という考え方で概要をつかみ、他の学習につなげていくという発想です。

Mくんは「よくわかっていない方からやる」という考え方で調べた子で、「よかった」と自己評価しています。理由は「スムーズに進んだし他のといと繋げられたから」と記述しています

**資料47　自分が決めた調べる順番に対する振り返り**

③自分で立てた調べる順番はうまくいきましたか。（なぜそう思ったのか理由も書く）。

うまくいくことができました。なぜなら「水源林」「ダム」「浄水場」という順番でやったら授業の流れがわかると思ったからそれにしました。もしもしなかった場合、水源林、浄水場とやって動画を見ているときにダムのことが出て来たら、ちんぷんかんぷんになると思いました。だから今度も順番通りにしたいです。

③自分で立てた調べる順番はうまくいきましたか。（なぜそう思ったのか理由も書く）。

うまくいったと思ったなぜかというとまず先に水が一番溜まっているダムがどうなのかを調べたら次のことがわかりやすいと思ってそうして次の浄水場でその水をどうするかでどんどん分かってきて1番最後この中で１番わからなかった水源林で他ので結構分かってきてたから少し簡単になったのでこの順番でいいと思った。

③自分で立てた調べる順番はうまくいきましたか。（なぜそう思ったのか理由も書く）。

自分のやり方は、良くわかっていない方からやるというのがよかった。どうしてかというと、スムーズに進んだし他のといと繋げられたから。次は、他の問いだけではなく他の授業のこととも繋げたい。

（資料47の「下」）。この記述から、「自分がわかっていないことを先に明らかにできれば、おのずとほかのこともわかってくるはずだ」と見通しをもっていたことがわかります。

これまで私たち教師は、「水源林を調べ、次はダム、最後に浄水場という順番がよい。なぜなら、それが飲料水になるまでの過程だから」という理由で指導計画を立ててきたと思います。ではなぜ、「飲料水になるまでの過程」が、子どもたちが学習を進めるうえでの前提条件であるかのようにしてきたのでしょう。それは、教科書の内容や（図版を含む）レイアウトがそうなっている（「水はどこから」の単元であれば時系列になっている）からではないでしょうか。

私たちは法によって授業で教科書を使うことが義務づけられていますが、どのように教科書を使うかは教師の裁量に任されているはずです。しかし、教科書の紙面構成（視覚伝達デザイン）の影響を強く受けて（必要以上のバイアスがかかって）、調べ学習を進める際に認められるはずの（教師としての）自分の裁量を行使しにくいと言えるのかもしれません。

本当は発想次第で、「蛇口から遡るように調べていこう。まずは浄水場、次はダム、最後に水源林だ」という順だっていいのですから。このように、本来であれば柔軟な発想で組み立てていいという学習の可能性が、（子ども自らが順番を決める）「個別追究」によって、期せずして浮かび上がったように思います。加えて、それにとどまらず、次の事実が私たち教師に突きつけられているようにも感じます。

**理解の仕方**（理解のしやすさ）**は子どもによって違う。だから、理解に近づく方法**（調べ方も含む学び方）**も人それぞれ。**

このような考え方に基づいて図にしたのが**資料48**です。

ただし、いくら「子どもによって理解の仕方が違う」と言っても、不特定多数の子どもにとって学びやすい学習の仕方というものはあります（その点を熟慮の上で制作されているのが教科書です）。そのため、本単元であれば「水源林↓ダム↓浄水場」（「飲料水の生成と供給の過程」）に即して学習を進めるほうが、多くの子どもにとっては理解しやすいでしょう。

このように考える私は、「学び方はみんな違ったほうがいい」などと思っているわけではありません。重視しているのは、「深い理解にたどり着くための試行錯誤」であり、子どもが「自分自身に適した理解の仕方を意識できるようにすること」です。

そのような意味では、子どもたちが調べる順番を考えた結果、すべての子どもが「水源林↓ダム↓浄水場」を選んだのなら、それはそれでよいのです。「先生がこの順番で学習を進めると言ったから」ではなく、「どのように学習したら自分は理解できるのだろう」

と子ども自身が考える機会と時間をもてていればＯＫ。

Ｎさんの振り返りでは、次のように記述しています。

わたしの順番はあまりうまくいきませんでした。浄水場からダム、水源林という順番で調べたけれど、都民に届く水の順番と反対だったので、わかりにくくなってしまいました。次は、送る順番からできるようにしたいです。

（傍点は筆者）

**資料48　学習のプロセス例**

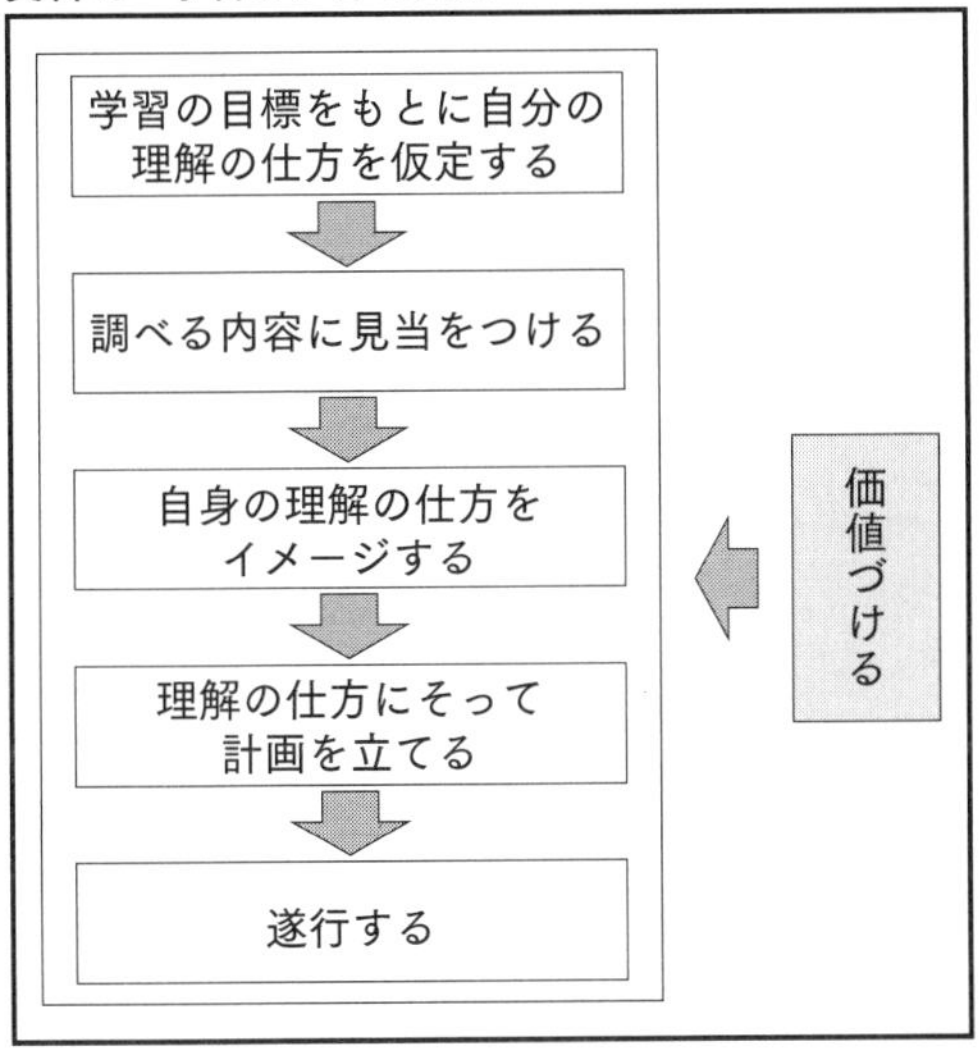


Ｎさんは、「自分はうまくいかなかった」という事実を受け止め、その理由を明らかにし、次の一手（改善案）を自分なりに考えています。この姿もまた、学習の自己調整スキルを発揮している姿です。このような姿は、「調べる順番を自分で考える」という活動がなければ生まれなかったのではな

いでしょうか。

自分は「うまくいったか」、それとも「うまくいかなかったか」といった学習の結果もたしかに大切です。しかし、それ以上に大切なのが、次の4点にあると私は考えます。

●自身の理解の特性をとらえること。
●自身の理解のプロセスを組み立てること。
●学習のプロセスを自己評価すること。
●自己評価をもとにして強化したり修正したりしようとすること。

## 前単元とのつながりを意識しながら追究の幅を広げる姿
### ―第4学年「ごみの処理と再利用」(2023年6月の実践)

「水はどこから」の実践と本単元は地続きで、単元目標の概略は「廃棄物の衛生的な処理と資源の有効活用の仕組みを捉え、廃棄物の削減に関わって自分にできることを考えることを通して、社会と関わろうとする態度を養う」です(指導計画の概略は**資料49**を参照)。

第2時は学習問題づくりです。戦後の急速な人口増加が起こるなか、ゴミの処理が追

**資料49　指導計画「ごみの処理と再利用」**

**〈学習問題と各時間における問い〉　※丸数字は時数**

①家や学校ではどのようなごみがどれくらい出ているのだろう。

紙だけでなく生ごみなどたくさんの種類のごみが大量に出ており、放っておくときたない環境になってしまう。

②学習問題
わたしたち都民が出しているごみを処理するために、誰がどのような取り組みをしているのだろう。

③予想を出し合い、学習計画を立てよう。

④⑤⑥⑦⑧
- ごみはどのように集められているか。
- 可燃ごみはどのように処理されるのだろうか。
- 不燃ごみや粗大ごみはどのように処理されるのだろうか。
- 埋立処分場ではどのような取り組みをしているのだろうか。
- 資源回収やリサイクルはどのように行われているのだろうか。

⑨⑩まとめ
東京都民がきれいで健康的な生活を送れるようにするために、清掃事務所や清掃工場などが中心となって衛生的に廃棄物の処理を行ったり資源の有効活用を進めている。

⑪わたしたちはどのような場面で、どのようにごみを減らすことができるだろうか。

いつかなかったり人々の意識が低かったりした様子を提示したところ、街中や公園にゴミがあふれていることに、子どもたちはたいへん驚きます。

資料50　資料へのメモ書き

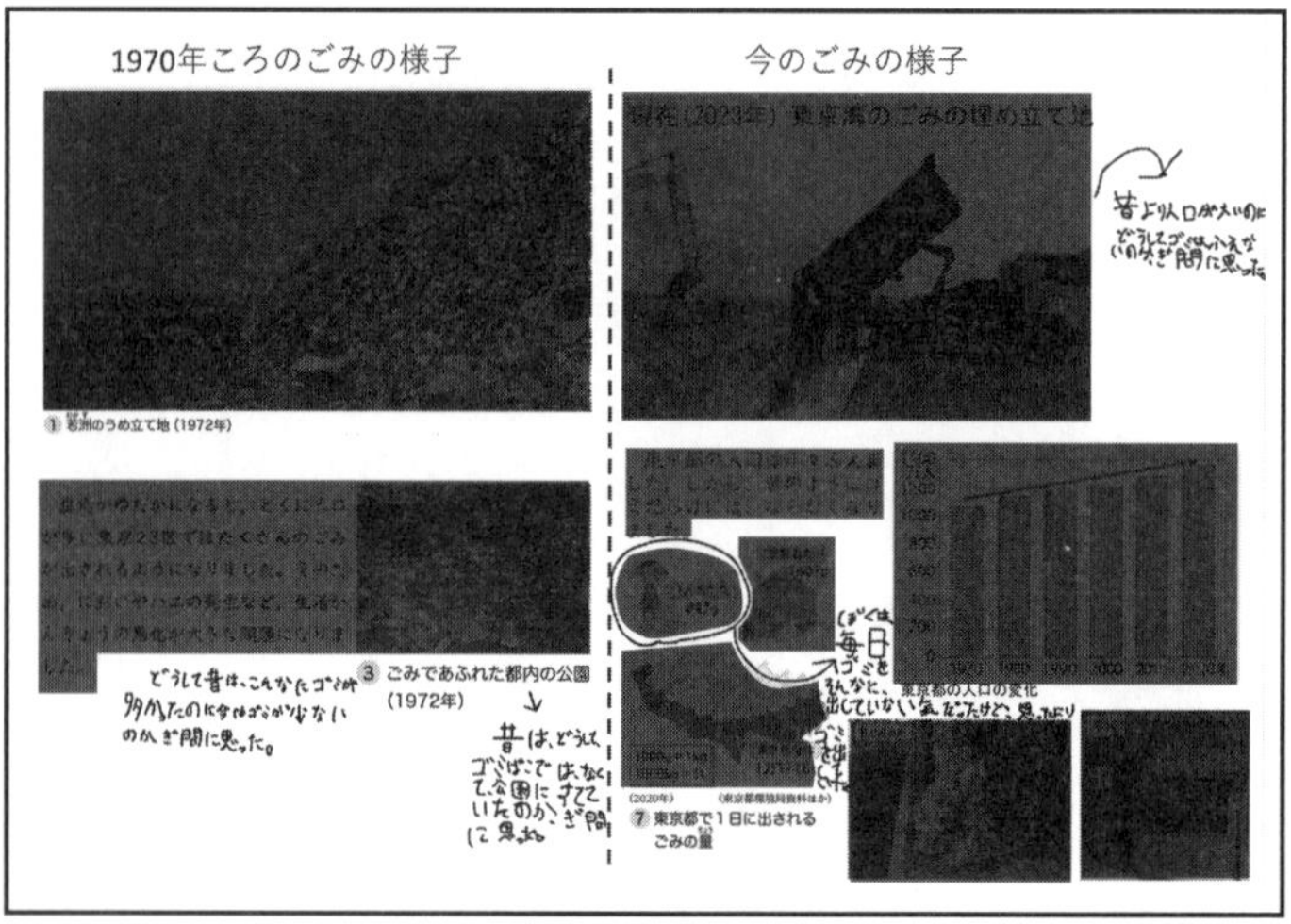


［出典］「わたしたちの東京都」（明治図書出版、2023年）
※子どものメモ書きを強調するために、資料部分は伏せている。

その後、ゴミがほぼ見られない埋め立て処分場の様子がわかる資料を提示すると、Ａくんは資料に自分の気づきを次のようにメモ書きしました（**資料50**）。

- どうして昔はこんなにゴミが多かったのに、いまはゴミが少ないのか。
- 昔はどうしてゴミ箱ではなく、公園に捨てていたのか。
- 昔より人口が多いのにゴミが少ないのはなぜ？
- 思っていたよりもぼくはごみを出している。

学級全体では、次のように話し合いが進んでいきました。

「人口が増えているのに、なぜゴミが片づいているんだろうと思いました」

「わたしもいまの意見に似ていて、どうしてごみがあふれなくなったんだろうと思いました」

「いまは、ゴミを捨てる曜日が決まっているから、ゴミが散らかっていないのだと思います」

「埋め立て地の様子を見ると、昔はごみがそのまま置かれていて、いまは土みたいになっているように見えました」

「ごみが多いのは昔なのかな？ いまなのかな？」

「みんなが言っていたことについてなんですけど、だれかがなにかをしているのかなと思いました」


このような話し合いを通じて、次に挙げる疑問や予想にまとまっていきました。

●いまは昔のように、ゴミだらけになっていないのはなぜか。
●ゴミだらけになっていないのは、だれかがなにかをしているからではないか。

この段階で、学習問題は「昔よりも東京都がきれいになるために、都民のゴミはだれ

**資料51　第２時の板書（学習問題）**

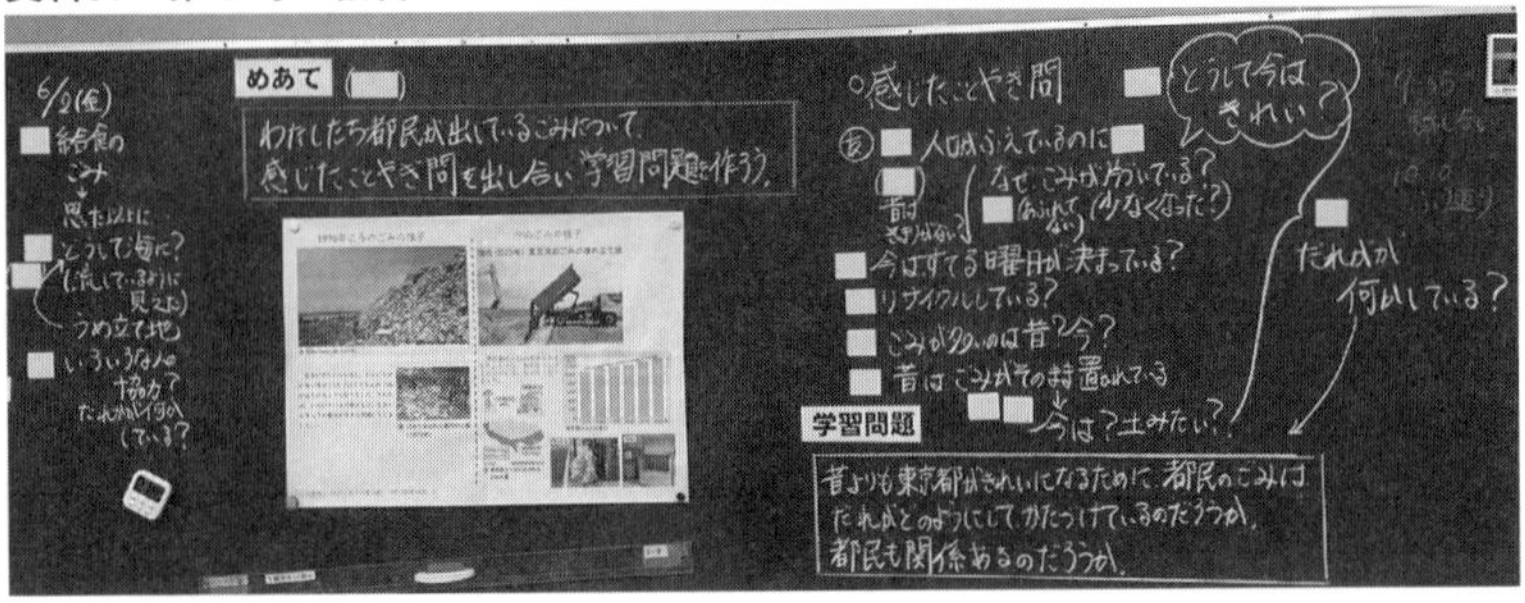


がどのようにしてかたづけているのだろうか」に決まりました（**資料51**）。

前単元「水はどこから」の学習の終末では、子どもたちは「都民が節水に協力することで水不足（給水制限）を避けることができている」ことを学んでいます。その意識が子どもたちに残っていたのでしょう。「（ごみだらけになっていないことについて）都民も関係あるのだろうか」という文言がつけ加わります。

第3時は学習計画づくりで、ゴミ処理と資源の有効活用にかかわる施設の地図やごみ処理の流れなどの資料をもとに予想を出し合い、次の学習計画をつくりました（**資料52**）。

**[学習計画]**

●ごみはどのように集められているのだろうか。
●可燃ゴミはどのように処分されているのだろうか。
●不燃ゴミや粗大ゴミはどのように処分されているのだろうか。

**資料52　第3時の板書（学習計画）**

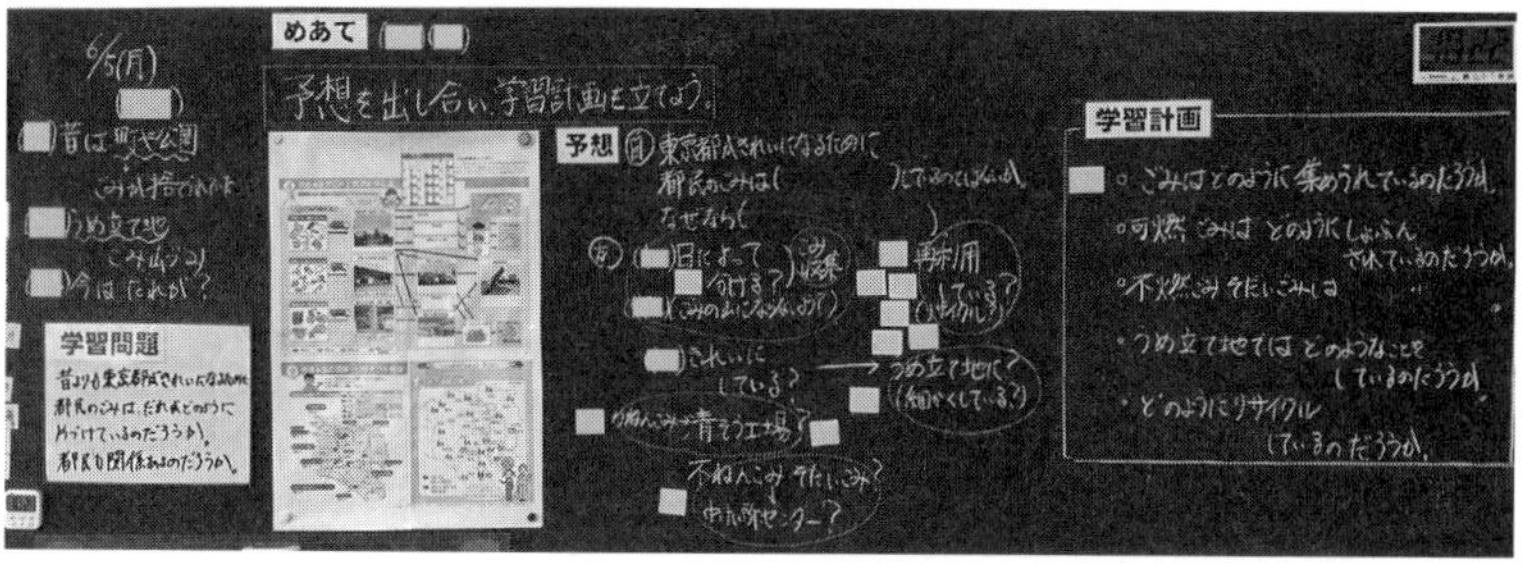


●埋め立て地では、どのようなことをしているのだろうか。
●どのようにリサイクルしているのだろうか。

その後、子どもたちは学習計画に基づいて調べる順番を考えていきます（ここでも「学習の目標」を子どもたちと共有する時間を設けています）。

多くの子どもが選んだ「調べる順番」は、「集められ方→可燃ゴミ→不燃・粗大ゴミ→埋め立て地→リサイクル」で、「ゴミ処理の経過に沿って調べる」というものです。

その理由の多くは、「この順番にしようかと思った理由は、ゴミが行く順番だから」でしたが、Bさんの考えた理由は、学習計画づくりの際に立てた5つの「小さな問い」と学習問題との関係を強く意識した内容になっていて印象的です。

なぜなら町中にゴミが溢れないようにするためにしていることをちゃんと理解するためにゴミが埋立処分場に行くための流

れを理解できると思ったからこの順番がいいと思いました（資料53）。

Cさんが選んだ「調べる順番」は、「ゴミの集められ方→不燃ゴミ・粗大ゴミ→可燃ゴミ→リサイクル→埋め立て処分場」で、その理由を次のように書いています。

なぜなら、水（飲料水）の学習の時と同じで多分だけど、ゴミがどういうふうになっていくのかの順番だから調べやすいと思ったからです（資料54）。

資料53　Bさんの考えた調べる順番

学習計画づくり
③（6）月（5）日

調べる順番は、最初ゴミはどのように集められているか、次は可燃ごみ、不燃ごみ、埋め立て地、リサイクルと言う順番で調べていきたいと思いました。なぜなら町中にゴミが溢れないようにするためにしていることをちゃんと理解するためにゴミが埋立処分場に行くための流れを理解できると思ったからこの順番がいいと思いました。

資料54　Cさんの考えた調べる順番

学習計画づくり
③（6）月（5）日

私が調べる順番は、まず1番目はゴミはどのように集められいるのかで2番目は、不燃ごみ、そだいゴミは、どのようにションされているのだろうかです。3番目は、可燃ごみはどのように処分得ているかで4番目は、どのようにリサイクルしているのだろうかで最後は、うめ立てちではどのようなことをしているのだろうかです。なぜなら、水の学習の時と同じで多分だけど、ゴミがどういうふうになっていくかの順番だから調べやすいと思ったからです。

DくんもCさんとほぼ同じような調べ順で、理由については次のよう書いています。

なぜなら、この順番の方が、ごみがたどり着く順番だから、ごみのことがよりわかりやすく学習できるかなと思ったからです。(水道水の学習でも、雨水がたどり着く順番でやったら、ものすごくわかりやすく学習できたからです。)(資料55)

このCさんとDくんは、前単元の振り返りでは次のように書いています。

[Cさん](調べる順番はうまくいった。)なぜなら、水がきれいになっていく順番で調べたので、まとめなどを書くときに、ほかのこととつなげやすかったからです。

**資料55　Dくんが考えた調べる順番**

学習計画づくり
③(6)月(5)日

わたしは、まず、ごみはどのように集められているのだろうか。をやります。次に、可燃ごみは、どのようにしょ分されているのだろうか。をやります。次に、不燃ごみ、そだいごみは、どのようにしょ分されているのだろうか。をやります。その次に、うめ立て地では、どのようなことをしているのだろうか。をやります。最後に、どのようにリサイクルしているのだろうか。をやります。なぜなら、この順番の方が、ごみがたどり着く順番だから、ごみのことがよりわかりやすく学習できるかなと思ったからです。(水道水の勉強でも、雨水がたどり着く順番でやったら、ものすごくわかりやすく学習できたからです。)

[Dくん](うまくいきました。)なぜなら、雨水が水道水になる順番でやったから、どのようにして、安心できる水道水がわたしたち都民に届けられるかをわかりやすく学習できたからです。

これまでの記述から、次の2つのことが見えてきます。

1つ目は、『経過』に沿って調べれば、社会的事象

の関連が徐々に見えてくるはずだ」という考えをもっており、時系列で調べていくことに価値を見いだしていることです。

2つ目は、「同じ学び方をすれば、前単元で得られた成功体験を、本単元でも味わえるはずだ」という考えをもっており、前単元での「学び方」を生かそうとしていることです。

さて、第4～第8時は、「個別追究」の時間です。ここでも教室内を5つのブースに分け、自分が取り組む「問い」に応じてブースを移動しながら流動的に学習を進めていきます（**資料56**）。

班のように机を突き合わせて学習するブースもあれば、2人～4人程度の規模で個別に学習するブースもあります。どのブースにおいても、自分が疑問に思うことや意見を聞い

**資料56　流動的に学習を進められるように分けられた教室内の5つのブース**

てもらいたいことがあれば、近くの子どもとの対話がはじまるといった調子です。[⑨]

そんなふうに学習が進むなか、ある子が隣に座っていた子につぶやいた言葉が、不意に耳に入ってきて、私を不安な気持ちにさせました。

Eさんは厳しいんだよね。

〝まさか陰口なのか〟〝この言葉を放置してよいものなのか〟〝声をかけるとしたら、どんな言葉が適切だろうか〟といった考えが頭のなかを駆けめぐりました。

⑨ブースに分かれた学習は、あくまでも「個人追究」であり、グループ活動のような対話ベースではなく、必要に応じて臨時的に協力し合うような「ゆるやかな」つながりである。

しかし、つづく次の一言で、今度はびっくりしてしまいました。

だから、このまとめについてEさんに意見をもらいに行ってみようよ。

「各問いのまとめ」については、本単元においても、必要に応じてクラスメイトと意見交換をしながら自分の考えの妥当性を確認したうえで、次の「問い」にとりかかえることにしていました。

よく見ると、その子は「どのようにリサイクルしているのだろうか」のまとめをちょうど書き終えたところでした。その後も様子を見ていると、一人では心細かったからか、アドバイスしてくれたクラスメイトを連れだってEさんに意見をもらいにいきました。無事、EさんからOKをもらえたようで、安心した表情を浮かべたその子は、次の「問い」に進むべく黒板の名札を動かしました。

人はだれしも〝否定的なことを言ってほしくない〟という気持ちを隠しもっています。そのため、自分の考えに対して他者から意見をもらわなければならないときには、肯定的なことを言ってくれそうな人を選んでしまいがちです。

それに対してこの子は、（不安な気持ちを抱えながらも）厳しいことを言うかもしれないE

資料57　第５時の板書

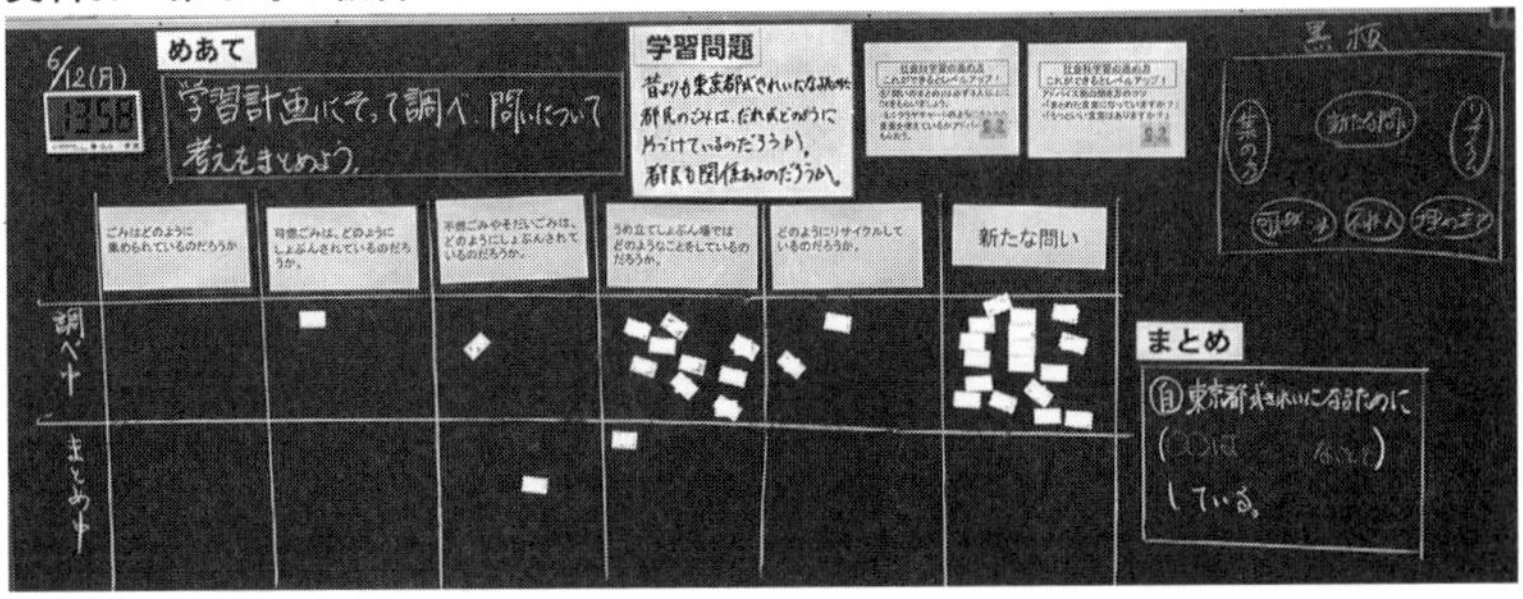
6/12(月)
めあて
学習計画にそって調べ、問いについて考えをまとめよう。
学習問題
まとめ
ごみはどのように集められているのだろうか。
可燃ごみは、どのようにしょぶんされているのだろうか。
不燃ごみやそだいごみは、どのようにしょぶんされているのだろうか。
うめ立てしょぶん場ではどのようなことをしているのだろうか。
どのようにリサイクルしているのだろうか。
新たな問い
調べ中
まとめ中
している。

さんにあえて意見を求めています。これはおそらく、〝Eさんは厳しいけど、きっとすごくいい意見をくれるはずだ〟と考えたのだと思います。ここには、この子の〝（たとえ厳しいことを言われるのだとしても）深く理解したい〟という強い思いが感じられます。

さて、第５時（２回目の「個人追究」）が終わったころになると、すべての問いに対するまとめを終わらせた子が半数近くにまでなりました（**資料57**）。

これは、私にとって想定外の出来事です。こうした子が現れるだろうことは予想してはいましたが、第７時（４回目の「個人追究」）あたりからだろうと考えていたからです。このことはすなわち、私の想像以上に問いに正対し、調べるべきことを調べ、クラスメイトの意見などももらいながら自分の考えをまとめる力を、子どもたちは身につけていることを示すものでした。

そこで、子どもたちが新たに「調べる対象」を絞り込めるように「追加の問いの例」を示し（**資料58**）、これらを参考にしながら自分独自に「新たな問い」を設定して調べることを促してみました（前単元でも、5回目の「個別追究」の前にまとめ終えた子に対して同じように促していたので、どうすればよいか、ある程度は理解しています）。

加えて、「新たな問い」について調べたことをまとめるために、ロイロノート上にそれまで使ってきたデータチャートを入れておき、自由に活用できるようにしておきました（調べるのに有益な資料データは私のほうで準備しています。中学年では「自分たちの住む地域」にフォーカスする関係上、インターネット検索では自分の知りたい情報が広域的な情報に埋もれてしまいがちだからです）。

「新たな問い」に取り組みはじめた子どもたちは、思い思いにまとめていきました（最終的にはクラスの3分の2の子どもたちが「新たな問い」に取り組んでいます）。**資料59**は、「八王子市のリサイクルの仕方はどうなっているのだろうか」「紙のリサイクルはどのようにしているのだろうか」を「新たな問い」に設定して追究したFさんのまとめです。

東京都にはゴミの埋め立て処分場が2か所ありますが、

**資料58　追加の問いの例**

**追加の問いの例（ごみのしょり）**
- 23区では東京湾の埋立処分場に送っているが、八王子市ではどのようにごみを処理しているのだろうか。
- 23区では東京湾の埋立処分場に送っているが、調布市ではどのようにごみを処理しているのだろうか。
- プラスチックはどのようにリサイクルされているのだろうか。

**追加の問いの例（下水道）**
- 下水道とはどのようなものだろうか。
- 下水処理場ではどのようなことをしているのだろうか。
- 下水道はどのようにせいびされてきたのだろうか。
- 下水道管はどのような働きがあるのだろうか。

資料59　Fさんのまとめ

| 名前（　　） | 何をしているか | 誰が<br>しているか | 学習問題とつなげて<br>まとめる |
|---|---|---|---|
| 八王子市のリサイクルの仕方はどうなっているのだろうか。 | ・リサイクルできるものを無料にしている。<br>・都民でもリサイくるできるように。<br>・微生物を使う。<br>・生ゴミを微生物のエサにする。 | 八王子市の都民やリサイクル工場の人 | 東京都八王子市は、街を綺麗にするために、都民にもリサイクルの協力をお願いしている。（東京都の水に似ている。 |
| 紙のリサイクルは、どのように、しているのだろうか。 | ・まず紙の種類を分けている。<br>・こしを使ってトイレットペーパーを作っている。<br>・新聞紙をバラバラにする。<br>・洗剤で綺麗にする。<br>・これでこしを再利用できるようにする。 | リサイクル工場の人 | 東京都が綺麗になるために、リサイクル工場の人は、機械とかを使って紙を再利用をしている。 |

世田谷区（23区）のゴミは、東京湾にある埋め立て処分場に送られます（八王子市などの多摩地区のゴミは、西部の山地・丘陵地にある二ツ塚処分場）。

この点に目をつけたFさんは、（自分たちが住んでいる世田谷区でのゴミ処理だけでなく）東京都全体を見渡したゴミ処理の仕方について調べ、次のようにまとめています。

「東京都八王子市は、街をきれいにするために、都民（市民の意味）にもリサイクルの協力をお願いしている（東京都の水に似ている）」

この記述から「市民の役割」に着目するとともに、学習問題「東京都がきれいになるために」という視点を踏まえていることがわかります。併せて「東京都の水に似ている」と書いていることから、前単元で学習した「節水に関わる都民の協力」との共通点も見いだしています。

次頁の**資料60**は、缶や衣類のリサイクルについて問いを立てて追究したGさんのまとめです。「缶はどのようにリサ

**資料60　Gさんのまとめ**

| 名前（） | 何をしているか | 誰がしているか | 学習問題とつなげてまとめる |
|---|---|---|---|
| 自分調べ：追加の問い①<br><br>缶はどのようにリサイクルされているのだろうか。 | ・ジュースや缶コーヒーなどの空き缶は、資源ごみとして回収される。<br>・リサイクル工場に運ばれる。<br>・空き缶はアルミでできた物と鉄でできたスチール缶に分ける。<br>・スチール缶は、鉄で作られているので磁石にくっつく。<br>・奥を流れるのがアルミ缶、手前がスチール缶です。<br>・分けられた缶は、押しつぶされ、それぞれ『缶プレス』と言う大きなかたまりにされます。<br>・この缶プレスが新しい製品の材料として再利用される。 | ☆リサイクル工場の人 | 自：東京都が綺麗になるために、缶などは、リサイクル工場で、スチールかんが鉄でできているところを生かして、スチール缶とアルミ缶で分けて押しつぶされ缶プレスというかたまりにし、新しい製品の材料にして、再利用し、ゴミを増やさないようにしていると思いました。 |
| 自分調べ：追加の問い②<br><br>水を繰り返し使う工夫は、どのようにしてやっているのだろうか。 | ・下水道から持ってきた水を再生センターで綺麗にしている。<br>・微生物という小さな生き物が水の汚れ、匂いなどを落としてくれている。<br>・綺麗になった水は、海に返している。<br>・それを再生水と言い、噴水の水や消防の水、トイレの水などに使っている。 | ☆再生センターの人 | 自：東京都が綺麗になるために、いろんな人が使った水がある下水道を通って、再生センターに持っていって綺麗にしたり、微生物という生き物が汚れ、匂いなどをとって綺麗になった水を再生水にして、消防の水、噴水の水、トイレの水に使っている。 |
| 自分調べ：追加の問い③<br><br>衣類ををどのようにリサイクルしたりしているのだろうか。 | ・衣類は、ショッピングで売られてまた活躍したりする。<br>・リユースできないものはリサイクルしてまた他の物に作り変える。<br>・衣類はベルトコンベアーで運ばれる。<br>・大きな機械で小さく砕かれ、熱処理が行われてボイラーの燃料に使われる。<br>・固体燃料（RPE）にする。 | リサイクル工場の人 | 自：東京都が綺麗になるために、捨てられた衣類は、リサイクルショップでまた売られたり、リユースできないものは、コンベアーで運ばれ大きな機械で小さく砕かれ、熱処理が行われ固体燃料にし、ボイラーの燃料に使ったりする。 |

イクルされているのだろうか」という問いに対して「東京都がきれいになるために、（中略）新しい製品の材料にして、再利用し、ゴミを増やさないようにしている」とまとめています。

また、「ごみの処理と再利用」の視点から「水を繰り返し使う工夫は、どのようにしてやっているのだろうか」（下水道関連）という問いを立てて調べ[10]、次のようにまとめています。

> 東京都がきれいになるために、いろんな人が使った水がある下水道を通って再生センターに持って行って（中略）、においなどをとってきれいになった水を再生水にして、消防の水、噴水の水、トイレの水に使っている。

この記述から、「新たな問い」に対しても、

**資料61　Hさんのまとめ**

| 名前（　　） | 何をしているか | 誰がしているか | 学習問題とつなげてまとめる |
|---|---|---|---|
| 自分調べ：追加の問い①<br>下水道管を守る人たちは、どのようなことをしているのだろうか。 | ・下水道管は問題が起きていないかいつもチェックされている。<br>・カメラがついたロボットを使う。そのロボットは、正面、上下左右、すみずみまで撮影して、ひび割れや汚れがないか点検している。<br>・汚れを見つけたらすぐ清掃している | 下水道局の人 | 自：東京都が綺麗になるために下水道管では、ロボットなどを使って、ひび割れや汚れがないかを点検し、汚れを見つけたらすぐに清掃している。 |
| 自分調べ：追加の問い②<br>下水処理場・中央監視室ではどのようにしているのだろうか。 | ・下水処理場の中央監視室では、下水処理場にどれくらいの水が流されてきているかみている。<br>・川に水を流すポンプなどを動かしている。<br>・下水処理場では水を綺麗にする以外にも、街を水害から守る役割もある。 | 中央監視室の人 | 自：東京都が綺麗になるために中央監視室では、下水処理場にどれくらいの水が流れて来ているかを確認したり、街を水害から守ったりしている。 |
| 自分調べ：追加の問い③<br>水質管理室ではどのようにしているのだろうか。 | ・水を綺麗にするために活躍するのが微生物。<br>・およそ60種類以上の小さな生き物が汚れを食べている。<br>・汚れを食べた微生物が重くなって沈むと、水はだんだん綺麗になっていく。<br>・微生物の様子は水質管理室で確認している。 | 水質管理室で働く人 | 自：東京都が綺麗になるために水質管理室では、およそ60種類以上の小さな生き物が、汚れを食べて、様子を水質管理室で確認したりしている。 |

学習問題「東京都がきれいになるために」という視点を踏まえていることがわかります。**資料61**はHさんのまとめです。「下水道で働く人の取り組み」「下水処理場での仕組み」「下水処理後の再生水の扱い」に着目して追究しています。

第9時では「個別追究」してきたことを基に、関連図を作成します。前単元と同様、子どもたちは各問いについて調べまとめたことを関連づけながらゴミ処理と資源の有効活用にかかわる仕組みを整理していきました。

そのなかで、「新たな問い」について調べた

⑩「下水道」の扱いについては、文部科学省「小学校学習指導要領解説　社会編」（57頁）に「廃棄物の処理」の事例として「ゴミ処理」と「下水道」から選択して学習することが示されている。本実践では、「個別追究」を行う際に「下水道」を例示して取り組むようにしている。

資料62　Iさんが作成した関連図

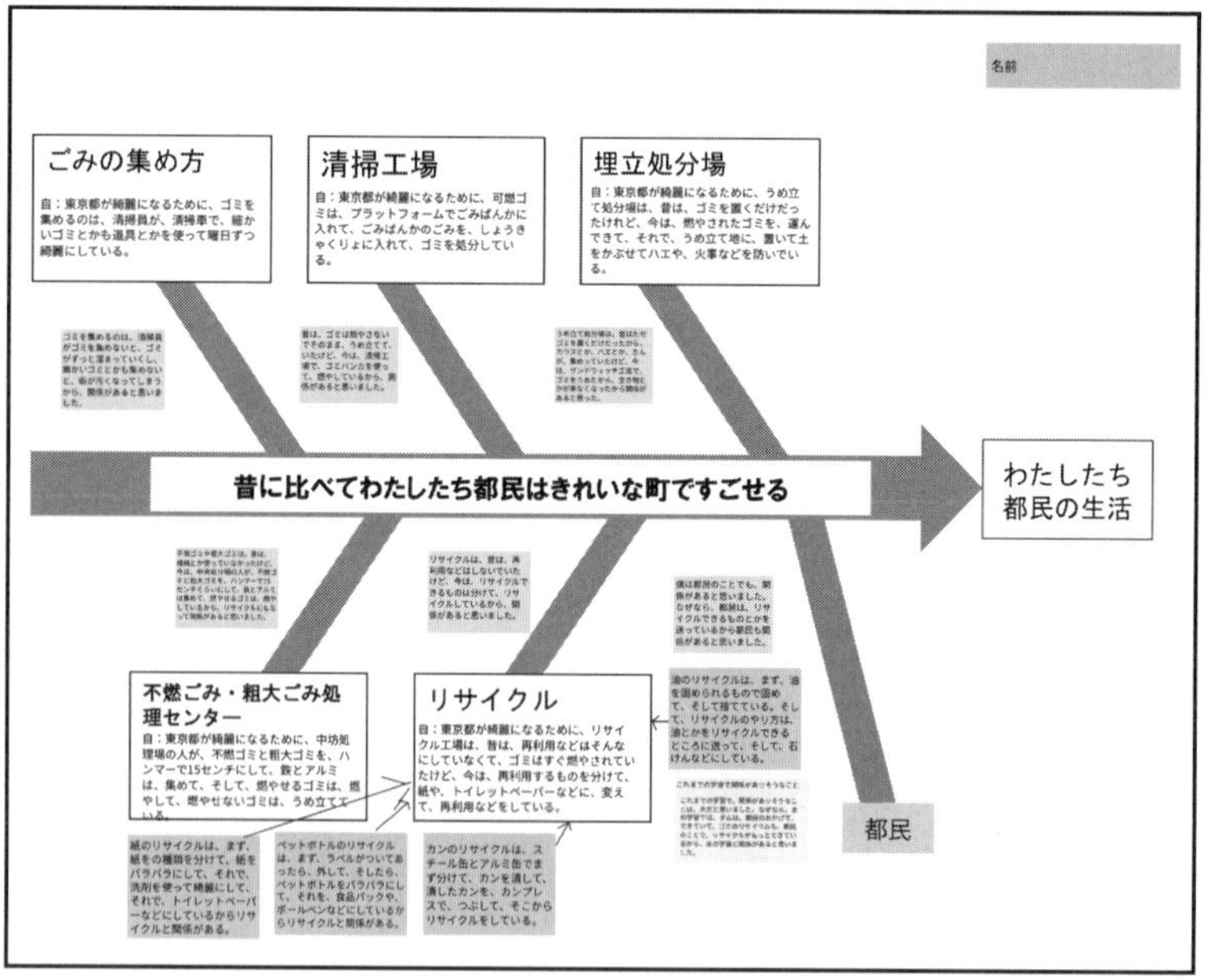


ことや既習（飲料水の学習）を関連づけて図にした子どもがいました（**資料62**）。

このIさんは、自分で新たに調べたことと「リサイクル方法」を関連づけています。紙やペットボトルをはじめとして、油の処理とリサイクルにかかわる内容をつけ加え、より広い視野からとらえようとしていることがわかります。

Jさんは、「新たな問い」について調べたことを活用しようとしていることがわかります（**資料63**）。

上段のカードでは「衣類のリサイクル」について調べたことを書いており、「清掃工場の働き」や「リサ

**資料63　Jさんが作成した関連図**

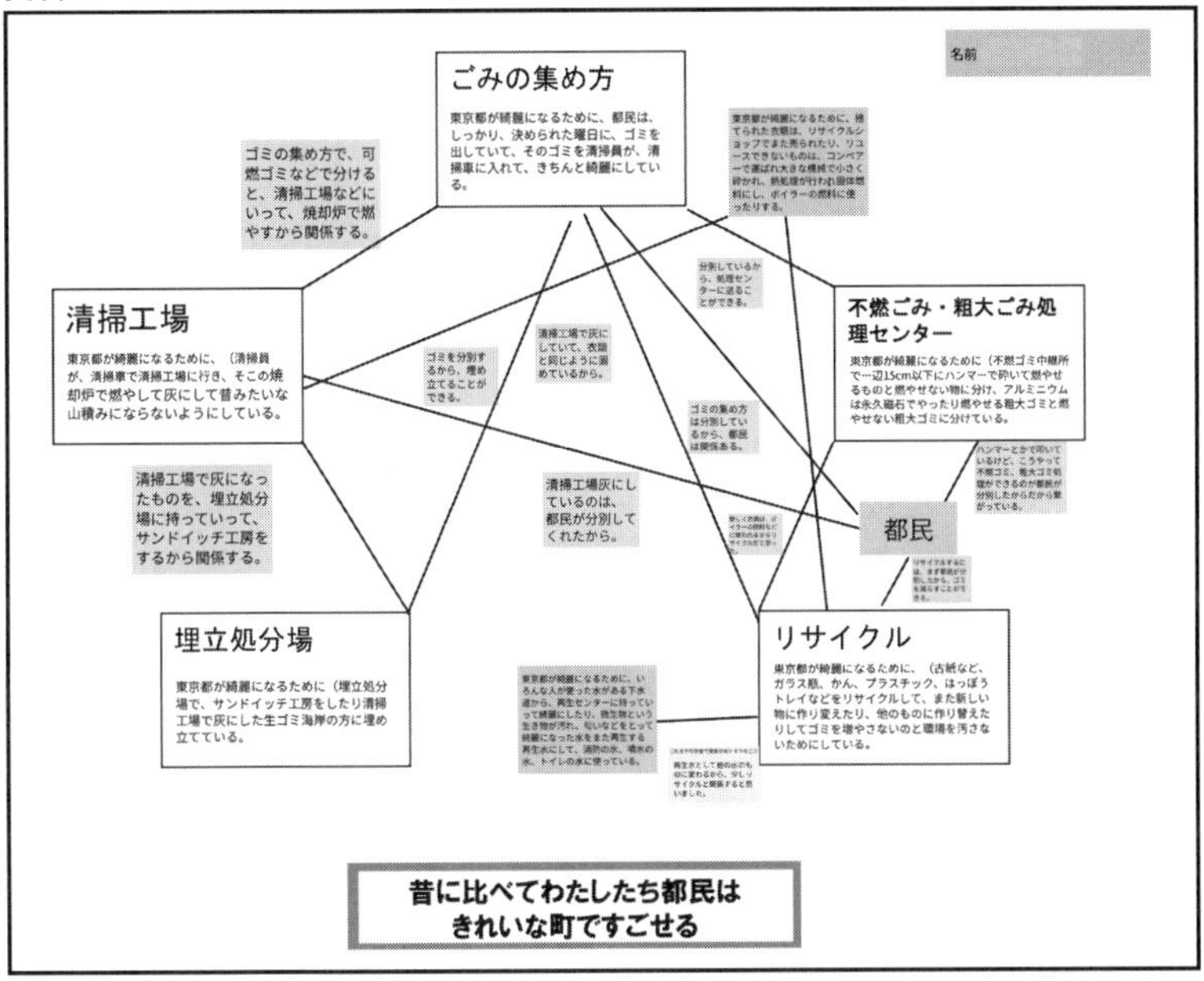


イクルの取組」と線でつないでいます。また、下段のカードでは「下水処理」について調べたことを書いており、「リサイクルの取り組み」と線でつないでいます。

　こうしたことから、資源としての「リサイクル」と、下水処理における「再生水の活用」は、「資源の有効利用だ」と認識していることがわかります。すなわち、新たに調べた内容も盛り込みながら、廃棄物処理を含め「自分たちの生活を支える仕組」を全体としてとらえようとしていると言えます。

　Kさんが作成した関連図の一角（次頁の**資料64**）には、前単元「水はどこから」で学習したことを関連づけながら、次のように記述しています。

> ゴミは、昔は積んであっていまはリサイクルするようになって、水も昔は給水制限があって、昔は水もゴミも社会問題になったけど、いまは（中略）社会問題ではなくなった。

資料64　Kさんが作成した関連図の一角

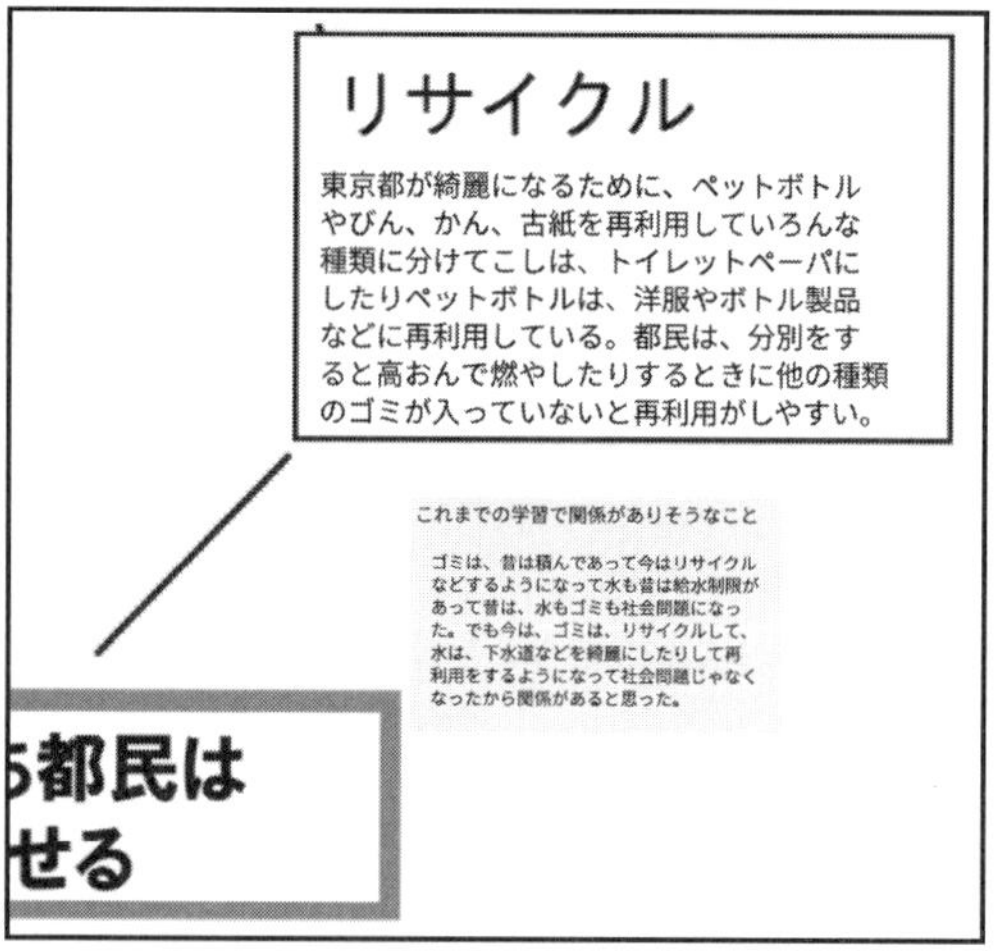
リサイクル
東京都が綺麗になるために、ペットボトルやびん、かん、古紙を再利用していろんな種類に分けてこしは、トイレットペーパにしたりペットボトルは、洋服やボトル製品などに再利用している。都民は、分別をすると高おんで燃やしたりするときに他の種類のゴミが入っていないと再利用がしやすい。
これまでの学習で関係がありそうなこと
ゴミは、昔は積んであって今はリサイクルなどするようになって水も昔は給水制限があって昔は、水もゴミも社会問題になった。でも今は、ゴミは、リサイクルして、水は、下水道などを綺麗にしたりして再利用をするようになって社会問題じゃなくなったから関係があると思った。
都民は
せる

この記述からは、本単元の学習問題を考えるうえで前単元の学習問題を強く意識していることがわかります。

「水はどこから」を学習した際は、戦後の東京ではしばしば水不足が起きていたことを取り上げましたが、「ゴミの処理と再利用」でも、戦後の東京ではゴミ処理が追いつかなかったり人々のゴミ処理への意識が低かったりして、ゴミだらけの状態になっていたことを取り上げました。

その後、水不足にせよゴミ処理問題にせよ、人々の工夫や努力、協力によって適切な「仕組み」が設けられ、社会問題が改善されていったことを学んでいます。こうした学習展開が布石となって、単元同士の共通点を見いだし、現在学んでいる内容に既習を関連づけて学びを深めていこうとする姿に結びついたのだと考えられます。

ここまで紹介してきた「前単元とのつながりを意識しながら追究の幅を広げる姿」を図にまとめたのが**資料65**で、単元全体の学習を貫いているのが、「学習問題への強い意識」(学習の目的の理解)です。

**資料65　追究の幅を広げるプロセス例**

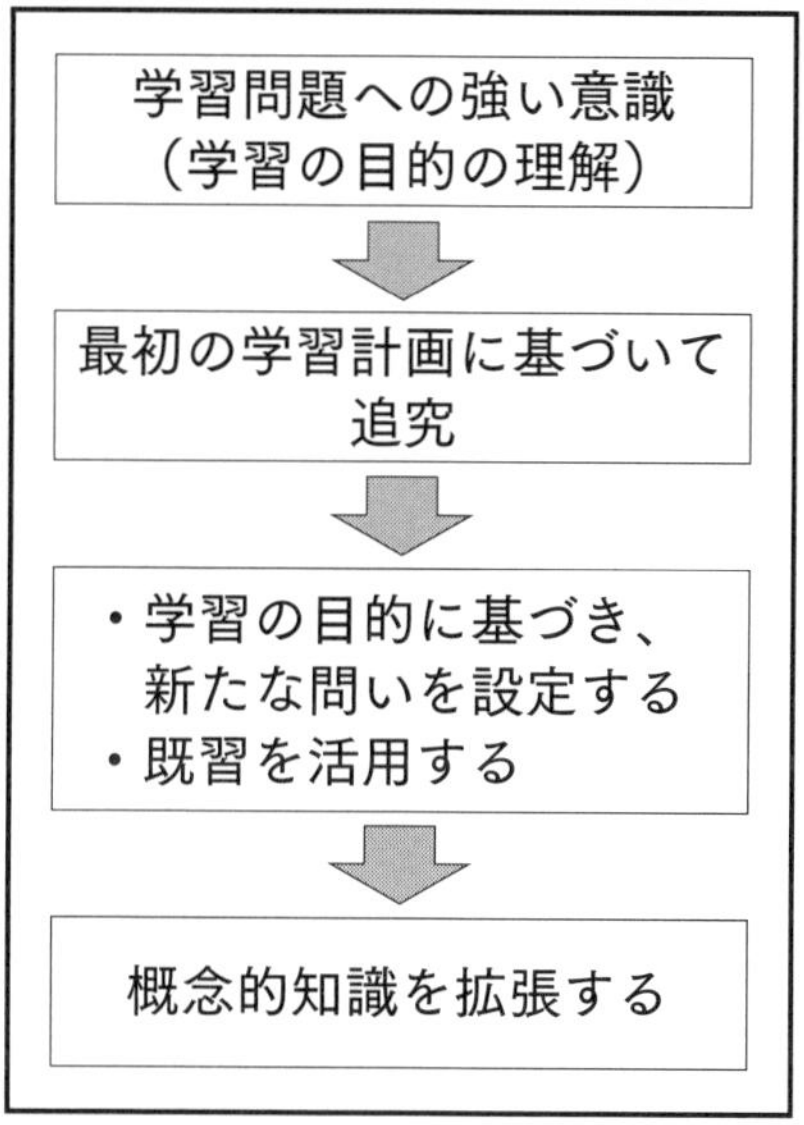
学習問題への強い意識
(学習の目的の理解)
最初の学習計画に基づいて追究
・学習の目的に基づき、新たな問いを設定する
・既習を活用する
概念的知識を拡張する

つまり、「ゴミの処理と再利用」(単元)であれば、自分たちで立てた「小さな問い」について調べまとめる際にも、常に「現在の東京都がゴミだらけになっていないのはなぜか」が意識されているということです。こうした意識があるからこそ、「新たな問い」を設定して派生的に学習を進めることになっても、それまでに学習してきたこ

ととブレずに関連図に落とし込めているのだと考えられます。

## 「個別追究」に取り組んだ子どもたちのとらえ

「個別追究」は子どもたちにとって、「自分の考えに基づいて自由に活動できる」という「おもしろさ」がある反面、自分の学習の責任を果たさなければならないという点で「厳しさ」があります。

この「厳しさ」は、ただ座っているだけで（なにも学べていなくても）授業を受けたことになる一斉指導の授業にはないものです。端的に言えば、自分自身の理解が積み上がっていかないと学習を先に進めていけないという「厳しさ」です。

もちろん、つまずいたときは教師である私がサポートするし、クラスメイトも手助けしてくれます。加えて、しっかり時間をかけて取り組めるようにもしています。しかし、そうであっても、最終的には自分自身の力でやりきらなくてはならないのが「個人追究」なのです。

このような厳しさのある学習スタイルですが、粘り強く取り組んでいるうちに、（なかには「たいへんだ」「疲れた」と口にする子どももいますが）「自分の力で学習を進めていくこと」

に、よりいっそう〝たのしさ〟を見いだしていくように感じます。

**資料66**は、子どもたちの振り返りです（このほかにも、「社会の仕組みがわかるたのしさ」「節水やリサイクルの大切さや、その方法がわかったことによるたのしさ」など内容に触れる振り返りも見られます）。

**資料66　子どもたちの振り返り**

自分の意見を書くだけでなく、もっと付け足しようがあるのが楽しいと感じました。例えば、「これでできてるのかな？」と思ったとします。その時に学び合いがないとたくさん付け足せないし自分ができてるのかもわからないから、自信が持てないけど、みんなが「いいと思います！」「直したほうがいいよ」と言ってくれたので、自信がもてたし、社会科が楽しくなりました。

1人で謎解きみたいに調べてみんなで学びあって進めていくところが社会　って楽しいなと思いました。
特に黒板で今はここことかわかるやつを進めるのが楽しいと思いました。

「水はどこから」の学習で社会科って楽しいなと感じたのは、学習をすればするほどいろんなことを知ることができるから何がどうなっているかなどを自分の力で知ることができるので楽しいなと思いました。あと、自分の力成長するとれることも増えると思うのでこれからも社会科を頑張りたいです。

社会で楽しいと思った事は、ずをいっぱい作れて、意見交換等は男女関係なくできた。わからないところは友達が優しく教えてくれて、でも自分で調べるのが私は1番の楽しみでした。理由は自分で調べると達成感が出てすごく楽しいし頭とかもう終わるとすごくやっとできたみたいな感じが出るからです。だから、これからの二学期の社会も図をいっぱいやって「社会って楽しい」ってもっと思えるように達成感をもっと作りたいです。

これらの振り返りを俯瞰しながらとらえると、次のように集約できると思います。

- ●自分自身の学習をよりよくできる機会があること。
- ●自分の進捗がわかり、ゴールに向かっている感覚を味わえること。
- ●自分の手でつくり上げたときの達成感があること。
- ●自分自身で進めていくことによって、自分の力が高まったと感じられること。

こうしたことからわかることは、「学ぶたのしさ、おもしろさ」は、「わかる」「できる」だけでは推し量れないのではないかということです。その先にある「達成感」や「自己効力感」など「自分が成長している実感」があってこそ、心から味わえるのではないかと思えるのです。

このような実感は、最短距離を効率的に駆け抜けるような学習では得るのがむずかしいと思います。試行錯誤や紆余曲折するプロセスがあってこそです。そのために欠かせないのが、やはり自己調整スキルなのです。

## 明確な役割意識に基づいて自己調整を行う係活動の取組

学級を経営するうえで、私が特に重視しているのが「係活動」です。そこで本項では、「係活動」において子どもたちはどのような自己調整スキルを発揮し得るかについて述べていきたいと思います。

まず「小学校学習指導要領　特別活動編」の記述を確認しておきましょう。[11]

　係活動は、学級の児童が学級内の仕事を分担処理し、児童の力で学級生活を楽しく豊かにすることをねらいとしている。（中略）自主的、実践的に取り組むことができるようにすることが大切である。

加えて、「社会参画につながる力を培う」という意味合いから、次のことに留意することとしています。⑫

　指導に当たっては、多様性を認め合いながら、他の児童と力を合わせて働くことの大切さや自分のよさを生かすことについて考えることができるようにするとともに、自分の仕事に対して工夫しながら役割を果たすことができるようにすることが大切である。

こうした点を念頭に、新年度当初、子どもたちに係活動の案を出してもらったところ、

⑪文部科学省「小学校学習指導要領解説　特別活動編」２０１７年、71・72頁
⑫同掲書⑪、61頁

最終的に8つの係がつくられました。⑬

- ミニミニゲーム係
- ダンス係
- マンガ係A
- マンガ係B
- 誕生日係
- 生き物係
- コミュニケーション係
- 勉強・イベント係

なかでも私の目を引いたのが「コミュニケーション係」です。文字どおり「みんながコミュニケーションを図れるようにする」ことを目的に掲げていましたが、〝本当にやっていけるのかな〟と不安に感じられました。そこで私は、メンバーになった子どもたちに「コミュニケーション係ではどんな活動をしていくの？」と聞いてみました。

すると、次のように答えてくれました。

「みんながコミュニケーションが取れるようにするには、お互いのことを知っているといいと思うんです。だから、クラスの人についてのクイズをつくって、みんなに答えてもらう活動をします。そうしたら、『あの子って、そういうことが好きなんだな』ということがわかって、仲よくなるきっかけになると思います」

〝まさかそんなことを考えていたとは…〟と驚きと納得の回答です。こうして、「コミュニケーション係」は、具体的な活動内容と週ごとの計画づくりに着手しはじめました。

私の学級の係活動は、次のルーティーンのもとで行っています。

①週明けに先週の振り返りをする。
②今週の計画を立てる。
③計画に基づいてそれぞれで実行をする（翌週の①に戻る）。

⑬「ミニミニゲーム係」については、拙著『黒子先生の見えざる指導力』（東洋館出版社、2020年）を参照。毎朝ミニゲームを学級全体で行う係である。この係については、「係活動とはなにか」を子どもたちに実感してもらうためにも、毎年私のほうから提案している。

資料67　コミュニケーション係が立てた計画

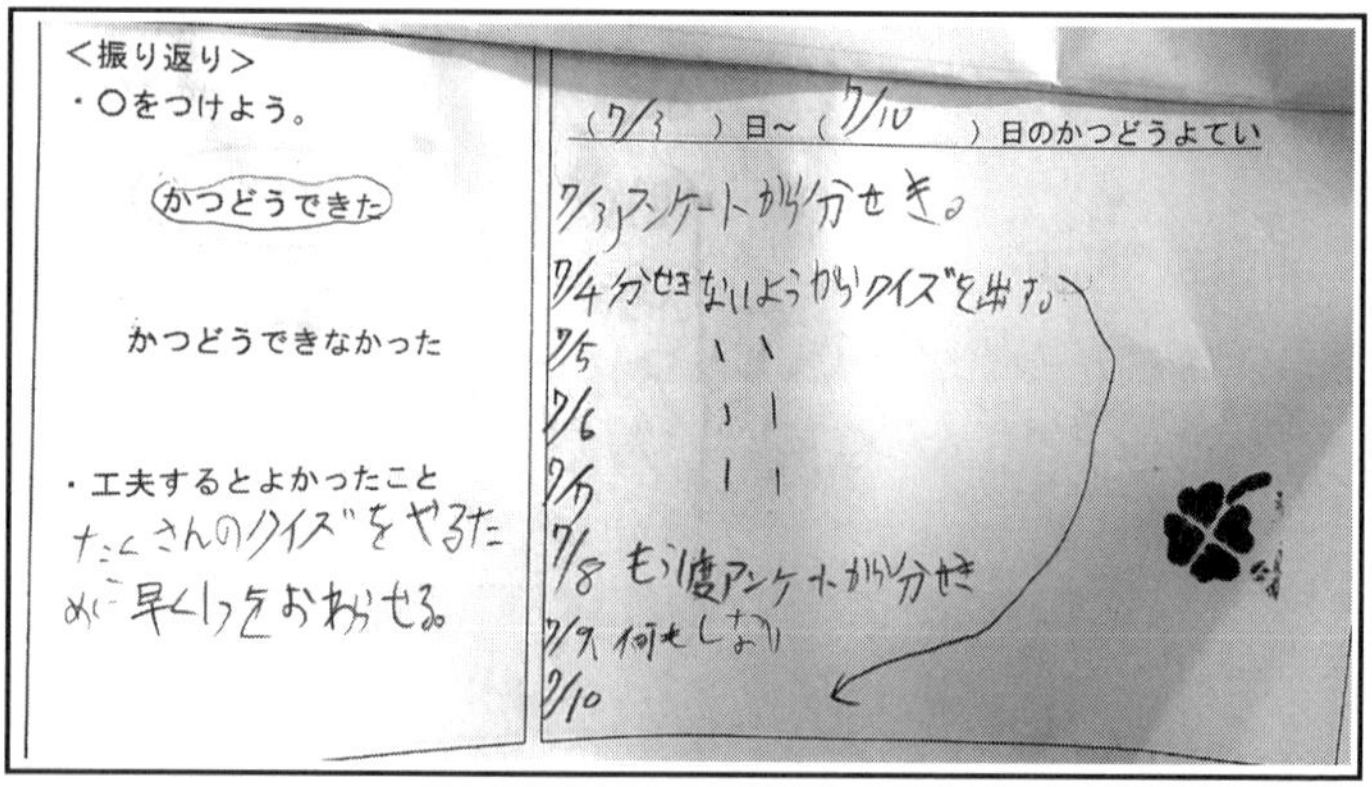
＜振り返り＞
・○をつけよう。
かつどうできた
かつどうできなかった
・工夫するとよかったこと
（7/3）日～（7/10）日のかつどうよてい
7/3 アンケートから分せき。
7/4 分せきないようからクイズを出す。
7/8 もう1度アンケートから分せき
7/9 何もしない
7/10

資料67は「コミュニケーション係」が立てた計画です。

左枠は「振り返り」で、右枠は「振り返り」を踏まえた「改善計画」です。準備不足が原因でクイズが時間内に終わらなかったことを振り返っていて、右枠に改善計画を書き込んでいます。

「ミニミニゲーム係[14]」は、毎朝活動を行っていることから、連日活動（アウトプット）してはクラスメイトからもらった感想（フィードバック）に基づいて改善案を考えていきます（うまくいくときもあれば、みんなからの反応がイマイチなときもあります）。その結果、改善案を考えることを通して、「みんなが喜ぶ鉄板ゲーム」の完成度を高めたり、「新ゲーム」を開発したりすることができています。

「誕生日係」はクラスメイトの誕生日リストを作成し、誕生日を迎える月があるごとに、クラスメイトに寄せ書きしてもらった誕生日カードを手渡します（休み時間などで誕生日のお祝いをします）。

イベント系の係でありながらも、そのつどイベントの内容を考えたり、人を集めたりする必要のない活動です。行き詰まることなく計画どおりに活動できており、クラスメイトからも喜ばれています。

「生き物係」は生き物の世話をする係なのかなと思いきや、生き物に関するクイズを出す係です（教室に昆虫などをもってきてくれることもあります）。

「生き物係」が登場するのは帰りの会で、ほぼ毎日1問クイズを出しています。子どもたちにはむずかしすぎて正解がわからないクイズも少なくないのですが、意外にもどの子もたのしみにしている活動の1つです。

このようにさまざまな係が思い思いに活動していたのですが、1学期の終業式が近づいたころ、クラス集会をしようという話になりました。そこで、学級会で実行委員を選出し、どんな集会を行うかについて話し合いを行いました。

「係祭りがいいと思います。まだ、イベントをやっていない係もあるから、みんなが参加できるからいいと思います」

⑭「ミニミニゲーム係」は朝の会でミニゲーム（90秒以内）を行っている。

（中略）

「わたしも係祭りがいいと思います。もし、２学期とかで『この係やってみたいな』ということにもつながると思ったからです」

「おー！」

「同じで、係祭りがいいと思いました。いつもやらないような大きいイベントになると思うし、盛り上がれば２学期も何回もやろうという気持ちになると思うからです」

この話し合いの様子から、１学期に自分たちで行った活動に対して達成感や自己効力感を感じていることがうかがえました。また、「祭り」にすることで「もっと工夫しよう」「いつもよりもみんながたのしめるようにしよう」といった意気込みも伝わってきます。

「係祭り」当日、いつもは４コママンガを配っていただけの「マンガ係」は、一風変わったゲームを開発していました。「いつ」「どこで」「だれが」「なにをした」といった視点で書かれたミニカードを用意しておき、即興でマンガにするという催しです。「マンガ係」の子どもたちは、休み時間や課題が終わったあとのちょっとした空き時間を使って準備を進めていました。

ほかの係もそうです。自分たちの活動が少しでもよいものとなるように試行錯誤していました。そうした子どもたちの姿に、目標に向かって取り組んでいこうとするエネル

**資料68　試行錯誤しながら活動を充実していくプロセス例**

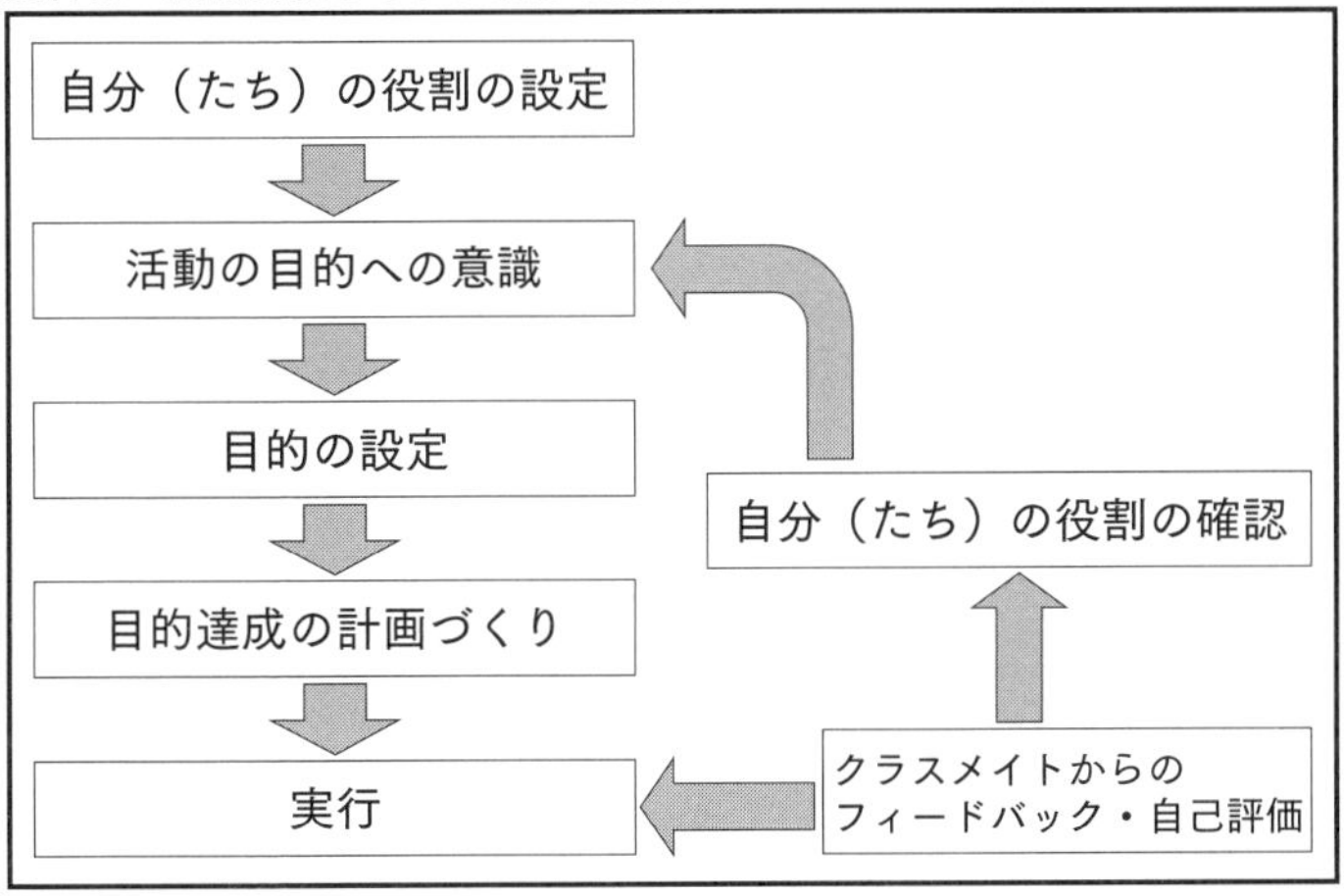


ギーや、解決がむずかしそうな課題がもちあがっても自分たちの力でなんとかしようとする粘り強さを感じました。このような子どもたちの姿を図に表したのが**資料68**です。

子どもたちの様子から、「自分たちはどんな活動をするか」と活動の中身を考える前に、「自分はクラスメイトのためになにができるか」と「自分たちの係活動が果たすべき役割」を強く意識していることがわかります。

「誕生日係」であれば「みんなを祝う」、「コミュニケーション係」であれば「クラスメイト同士が仲よくなる」といった役割意識のもとで活動内容を考えるから、どのように計画を立てても活動がブレないのだと思います。

加えて、クラスメイトからの感想（フィードバック）があることで、「みんなはたのしんでくれたか」

「内容がむずかしすぎたのではないか」などと自分たちの活動を自己評価できます。その結果、自分たちの意図とクラスメイトとの受け止めとにズレがあれば修正し、肯定的に受け止めてくれたところについてはさらなる工夫を凝らしていました。

このように係活動においては、教科とはまた違った「自分（たち）の役割に基づく自己調整」がなされていると考えることができます。

## 自己調整をかかわり合いに生かす

最後に紹介するのは、2つの場面を取り上げながら、学習以外の場面で自己調整スキルを発揮しようとする子どもの姿です。

### 1　自分の成長につながる目標を設定し、改善を図ろうとする場面

2023年度の学級目標は、子どもたちの話し合いによって「勇気でチャレンジ4―1！」に決まりました。この目標には「学級全員で3年生のときよりもレベルアップしたい」という願いが込められています（3年生からのもち上がりの学級です）。

このレベルアップには、「学習への取り組み方」「クラスメイトとのかかわり方」「係活

動や学校行事への取り組み方」などとアプローチは多岐にわたります。そこで、学級目標に紐づく「自分の目標」を各自でつくります。その後、週明けに自分が立てた目標にどれだけ近づくことができたかを振り返る時間を設けています。

次頁の**資料69**は、「自分の目標」のうちの1つを「友達とチームワークを高めたい」としていたAさんの振り返りです。最上段が5月1週目を終えて書いたものであり、最下段は最終週を終えて書いたものです。Aさんの記述から「友達とのチームワーク」を高めるための具体的な方法を見いだそうとしているのがわかります。

たとえば、1週目に「自分から声をかける」ことにチャレンジし、2週目以降も継続していたところ、自分から友達とかかわれるようになったと自己評価しています。他方、声をかけられないこともあったことや、自分のやるべきことをやるのに手一杯でかかわる時間が減ってしまったことを課題として挙げています。⑮

6月に入ると、Aさんは「みんなにアドバイスしたい」という目標を立てています（**次頁の資料70**）。これは5月に立てた「自分から声をかける」チャレンジの発展系だと考えることができます。

⑮集中して取り組んだ結果なので、課題だとは言えないのではないかと私は考えている。ただ、Aさんとしては、もっと改善できたのではないかという思いをもっていたことがわかる内容になっている。

4年　　組　　番　名前

| | | |
|---|---|---|
| 友達とチームワー<br>たい。 | ［その他］音読の日付を言い忘れたようでしたい。 | |
| と話し合いの時間で「一緒にやらな<br>」と言ったら一緒にやってくれたから<br>くいった。うまくいかなかったのは、<br>で考える時間も欲しかったから友達と<br>なかった。自分で考える時間を少し減<br>て友達とやる時間を増やせば増や。 | △ | 頭の中で覚えてたから少しだけうまくいった。うまくいかなかったのは他のことを考えてそのことが問題だと思った。他のことを考えずに音読の日付を言い忘れないと頭の中で絶対に忘れないようにする。 |
| 時間などに友達と「一緒に遊ぼう」と<br>たから少しうまくいった。うまくいか<br>ったのは、「一緒にやらない」と話し<br>なかったから。そういうことをなくし<br>ってみればもっとよくなると思った。 | ○ | 日付を頭の中で覚えるようにしたからうまくいった。うまくいかなかったのは、音読をやるのに少し時間がかかったからうまくいかなかった。準備を早くすればもっと良くなると思った。 |
| 時間に体育館で鬼ごっこに入れても<br>てチームワークを高められた。うまく<br>なかったのは、教室遊びの時あまり遊<br>かったから。休み時間(教室遊び)を友<br>遊ぶ時間を増やせば良いと思った。 | ◎ | 音読の日付を言うのをくせにしたからうまくいった。うまくいかなかったのは、お母さんにたまに日付言ってと言われたから問題だと思った。さらにくせにすればかと思った。 |
| 合いをするときに、男女関係なくやる<br>ろはうまくいった。うまくいかなかっ<br>は、たまに、男子だけとやっちゃう時<br>るからそこが問題だと思った。男女関<br>くさらに学び合いをすれば良いと思っ | ◎ | 音読の日付を言うのが週間になったからうまくいった。うまくいかなかったのは、他のことを考えてしまって1日だけ忘れてしまった。他のことを考えずにやるとうまくいくかと思った。 |

資料69　Aさんの振り返り（5月）

勇気でチャレンジ４－１！　月間目標とふり返りシート

| 5月 | [学校①] 今月は、うめライス頑張りたい。 | | [学校②]<br>クを高め… | |
| --- | --- | --- | --- | --- |
| 1〜7 | ◎ | うめライスは、社会の授業の時にみんなの話にうなずけた。うまくいかなかったのはみんなの話を最後まで少し聞けなかったからそれが問題だと思った。ラストまでみんなの話を聞けばもっと良くなると思った。 | ○ | 友…<br>い？…<br>う…<br>自…<br>や…<br>ら… |
| 8〜14 | ○ | うめライスが事業の話し合いの時にいかせた。今度はさらにうないたりしたい。先生の話を聞くのをさらに良くしたらもっと良くなると思った。 | △ | 休…<br>言…<br>な…<br>か…<br>て… |
| 15〜21 | ○ | うめライスは、授業の時に先生の話を聞くときにうまくいった。うまくいかなかったのは学びをあまりしなかったところ。学び合いする時間を増やせばうまくいくと思った。 | ○ | 休…<br>ら…<br>い…<br>ば…<br>達… |
| 22〜28 | ○ | うめライスは、話し合いの時に生かせた。うまくいかなったのは、少し先生の話を聞くときに、少し忘れていたから、そこが問題だと思った。さらに緊張感を持って、事業を聞けば良いと思った。 | ○ | 学…<br>と…<br>た…<br>も…<br>係…<br>た。 |

4年　　組　　番　名前

| | | |
|---|---|---|
| 先生の話をよく聞 | [その他] みんなにアドバイスをしたい。 | |
| いったのは、今日みたいに朝先生がによく聞けた。うまくいかなかったっきと同じでたまに頷いたりするのてしまうから。さっきと同じようにうことを楽すればもっと良くなると | ◎ | 社会の時に、合ってるか聞かれたときにうまくアドバイスできたからうまくいった。うまくいかなかったのは、たまに自分のことに集中して少し忘れてしまう。そういう事を変えればうまくいったと思った。 |
| いったのは帰りの会で先生の話をしときによく頷いたり、先生の話を聞できた。うまくいかなかったのは授たまに忘れてしまう。そういうことせばもっとうまく行く道を得た。 | ◎ | 前と同じで社会の時に、合ってるか聞かれたときにうまくアドバイスできたからうまくいった。少しアドバイスするのがうまくいかなかったからそういう事をなくせば良いと思った。 |
| じで、うまくいったのは帰りの会で先をしているときによく頷いたり、先生聞くことできた。うまくいかなかっ、ノートを写したり、iPadで集中ししていてたまに忘れてしまう。緊張感てさらに授業をやればいいと思った。 | ○ | 国語の時に、アドバイスできたのでよかったです。うまくいかなかったのは、社会の時にあまりアドバイスできなかった。社会の時にアドバイスすればうまくいくと思いました。 |
| なので先生の話を聞くことが。うまくいかなかったのは、くのを忘れてしまった。こうとをなくせばいいと思った。 | ○ | 国語の時などにいかせたのでうまくいった。うまくいっかなかったのは自分のことをやっててアドバイスをし忘れた。こういうことなくせばうまくいくと思った。 |

資料70　Ａさんの振り返り（６月）

勇気でチャレンジ４－１！　月間目標とふり返りシート

| 6月 | ［学校①］うなづいたり反応を返したい。 | | ［学校②］<br>く。 | |
|---|---|---|---|---|
| 1〜11 | ○ | 先生の話や、友達の発表などで頷いたらうまくいった。うまくいかなかったのは、たまにうなずくを忘れていたから。そういう事をなくせばもっと良くなると思った。 | ○ | うまく<br>話す時<br>のはさ<br>を忘れ<br>そうい<br>思った。 |
| 12〜18 | ○ | 先生の話や、友達の話が帰りの会の友達が話す時などでできた。うまくいかなかったのは前と同じでたまに忘れてしまう。緊張感さらにを持って事業をやればいいと思った。 | ○ | うまく<br>いる<br>くこと<br>業の時<br>をなく |
| 19〜25 | ○ | 前と同じで、先生の話や、友達の話が帰りの会の友達が話す時などでできた。うまくいかなかったのはたまにノートうつしたりして忘れてしまう。前と同じで、緊張感さらにを持って事業をやればいいと思った。 | ○ | 前と同<br>生の話<br>の話を<br>たのは、<br>てたり<br>を持っ |
| 26〜30 | ◎ | 今日登校する時にあいさつをしてうまくいった。うまくいかなかったのは、たまにノートうつしたりして忘れてしまう。こういう事をなくせば良いと思った。 | ○ | 朝の会<br>できた<br>うなず<br>いうこ |

その結果、学習の場面でも、アドバイスを通してクラスメイトとの「学び合い」を意識するようになっているのがうかがえます。

毎週の振り返りでは、うまくいったこともあればそうでないこともあったと自己評価していますが、自分の立てた目標を学習の場面とつなげながら改善点を見いだそうとしている点が印象的です。

## 2 自分たちで席替えを行い、学習環境を整えようとする場面

私の学級ではしばしば、子どもたちに席替えを任せています。そうするにあたって、次の3つの条件を課しています。

- 学習がちゃんと成り立つようにすること。
- みんなと仲よくなれるようにすること。
- 黒板などの見えやすさに配慮すること。

子どもたちの話し合いは、私の想像以上でした。その一端を紹介すると、次のとおりです（**資料71**）。

**資料71　話し合いながら自分たちで席替えを進める様子**

「男子と女子に分かれて話し合おう。じゃあ、女子は黒板の前に集まって。男子は教室の後ろのほうね」

「視力が低い人っている？」

「学習に集中するんだったら、Aさんは、どのあたりの席がいいの？」

「BさんとCさんはあまり話したことがないから、近くの席がいいんじゃない？」

「本当は後ろのほうの席がいいんだけど、みんなが前のほうがいいというのなら、それでいいよ」


こんなやりとりをしながら席替えに要する時間はおよそ20分。無事、完了します。

子どもに席替えを託せるのは、どの子も「教室で過ごす目的」のもとで、「学習に適した座席配置を完成させるという目標」を意識して意見を出し合えているからなのだと思います。そのため、自分の希望を口にしながらも、それに固執せず、周囲の意見を聞きながらどのような席の配置であれば妥当であるかを真剣に話し合いながら決めることができています。

このような姿もまた、子どもたちがリアルタイムで自己調整スキルを発揮している姿なのだと私は考えています。

＊

ここまで、「相互評価・自己評価」「自学スタイル」「学びの責任」「見通しと振り返り」「目的意識」といった視点から、学習を自己調整する子どもたちの姿を紹介してきました。こうした姿には共通することがあります。それは、次の3つです。

- 子ども（たち）自身が、自分の取組のプロセスを自覚していること。
- 改善方法を自分なりに考えていること（自分不在になっていないこと）。
- 自分（たち）が行ったこと（結果）に対して自己評価していること。

右に挙げたことは、実を言うと（教師がことさら促さなくても）子どもたちは日常的に行っていることです（そうでなければ、学習どころか日常生活を送ることもできなくなります）。ただし、無意識（無自覚）に行っていることでもあります。

そのため、子どもがどの程度の自己調整スキルが身についているか、どの程度使いこなせるかについては、個人差がたいへん大きいと言えます。ここに、教師が意識的に学習環境や場面をつくることの必要性があります。裏を返せば、教師が適した学習環境を整え、子どもが日常的に学習を自己調整する場面をつくれれば、本章で紹介してきた子どもの姿を垣間見られるようになるということです。

最終章となる第3章では、子どもの自己調整スキルを磨く教師の手だてについて述べていきたいと思います。

第3章

# 子どもの自己調整スキルを磨く教師の手だて

前章では「学習を自己調整する子どもたちの姿」を紹介してきました。これらの姿を分類すると、およそ次の6つに整理することができます。

**①目的意識をもち、計画的に行動している**

●自分の役割を意識し、それに応じて（学習の）目的や目標を設定している。

●目的や目標を明確にして計画的に進めようとしている。

**②学習のゴールに向かって質的に向上させようとする意識をもっている**

●学習のゴール（目的や目標）を明確に意識し、質的な向上をめざそうとしている。

**③追究的にアプローチしている**

●常に「問い」に向かい、その問いについて深く考えようとしている。

●学習の重点を「問題解決すること」や「追究すること」に置いている。

**④学習のプロセスを調整している**

●自分の理解の仕方に適した方法で学習を遂行したり調整したりしようとしている。

**⑤協働的に学んでいる**

●他者との協力や情報共有を自分の学習プロセスの一部としている。

●集団としての学び方を意識し、強化したり改善したりしようとしている。

### ⑥自己評価を通して内省するスキルを高めている

- 自分の進捗や理解を客観的に評価しようとしている。
- 自己評価を生かして、学習を調整しようとしている。

（第1章で紹介したように）自己調整学習には「予見段階」「遂行段階」「自己内省段階」という3つのプロセスがあり、右に挙げた子どもの姿が当てはまります。[①] また、ここでは6つに分けていますが、便宜的な整理です。本来的には、個々別々に独立したものではありません。複合的に重なる部分もあれば、補完的に関連し合うものもあります。

さて、こうした姿が現れるには教師による手だてが必要ですが、これまでの手だてとは考え方を少し変えなければならない点にむずかしさがあります。どのような学習に対しても、子どもが自分の意志を介在できるようにすることが欠かせないからです。

端的に言えば、**子どもが自ら学習を進めていける状況をつくり、それでいて教師による指導を子どもに悟らせず、裏から導いていく**ということです。そのため、教師自らが前に出ていく場合にも、「どのような場面であれば効果的なのか」を強く意識する必要が

①B・J・ジマーマン、D・H・シャンク編、塚野州一、伊藤崇達監訳『自己調整学習ハンドブック』北大路書房、2014年

あります。

## ＩＣＴ活用がもたらした学習のバリエーション

文部科学省は、「参考資料[2]」のなかでＩＣＴを活用するメリットを挙げています。自己調整学習との関連で考えると、次の４点に整理できます。

**【自己調整学習におけるＩＣＴ活用のメリット】**

1　多様な学習方法の提供
2　学習履歴の管理と可視化
3　興味・関心に基づく自主的・自発的な学習の促進
4　学習状況の把握・分析に基づく教師の支援

ここでは、第2章で取り上げた事例と関連づけながら、一つ一つ見ていきましょう。

### 1　多様な学習方法の提供

「水はどこから」（90頁より）、「ゴミの処理と再利用」（112頁より）では、子どもたちが自分の理解の仕方に合った資料を活用できるようにするため、事前に複数の資料を準備しています。

**資料1**はロイロノートの「資料箱③」で、「問い」ごとに「飲料水」の学習に関連する資料を保存しています（文書だけではイメージが湧かなかったり、情報が集められなかったりする子どもを想定し、動画資料も入れてあります）。こうすることで、子どもは必要に応じて「資料箱」にある資料を自由に活用できるようになります。

仮にもしこれだけの資料を、ＩＣ

**資料1　資料箱「水はどこから」**

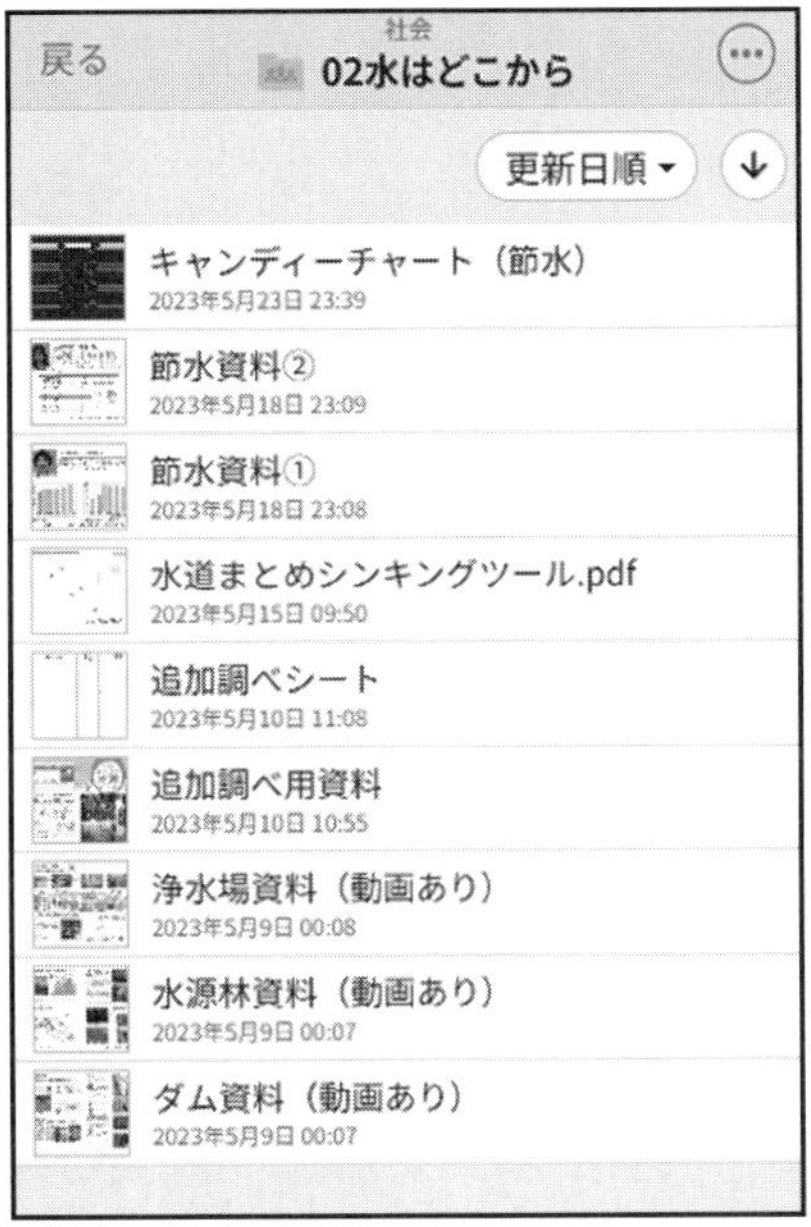


②文部科学省「学習指導要領の趣旨の実現に向けた個別最適な学びと協働的な学びの一体的な充実に関する参考資料」（令和3年3月版）https://www.mext.go.jp/content/210330-mxt_kyoiku01-000013731_09.pdf

③「ロイロノート」には「資料箱」と呼ばれるクラウド型のデータフォルダがあり、学習に必要な資料などを保存しておくことができる。また、ＰＤＦ化した文書や動画、動画へのリンクも生成できる。

Ｔ機器を使うことなく紙などで用意しようとすれば、印刷したり資料ごとに仕分けたりするだけでも膨大な時間を必要とするでしょう。

子どものほうも、どれが自分に必要な資料なのかを判別するだけでもたいへんです。なかには、調べるのを早々にあきらめてしまう子どももいるかもしれません。それが、**資料1**のようにデータをまとめておけば、ファイル名がリスト化されるので、自分の必要とする資料がわかりやすくなります。

また、動画資料を「資料箱」に保存しておけるのも大きいでしょう。何度でも視聴し直せるからです（これまでも教室にあるモニターを使って動画を視聴する取組はありましたが、みんなで一斉に観なければならず、基本的に1回きりとなります）。

第2章に掲載した**資料40**（98頁）は、動画を視聴しながら子どもがメモを取っている様子です。一人が動画を流し、もう一人がメモを取っているのですが、役割を固定的にしていません。よくわからなかったところがあれば、お互い何度も再生し、そのつど気づいたことがあれば、気づいた子がメモ書きを追記する協働的な活動です。

**資料2**は、「共有ノート」（ロイロノートの機能）を活用している様子です。「共有ノート」は同時編集が可能なワークシートとも言えるもので、記入・修正・加筆といったクラスメイトの作業の様子をシームレスに見ることができます。

**資料2　共有ノートを活用している様子**

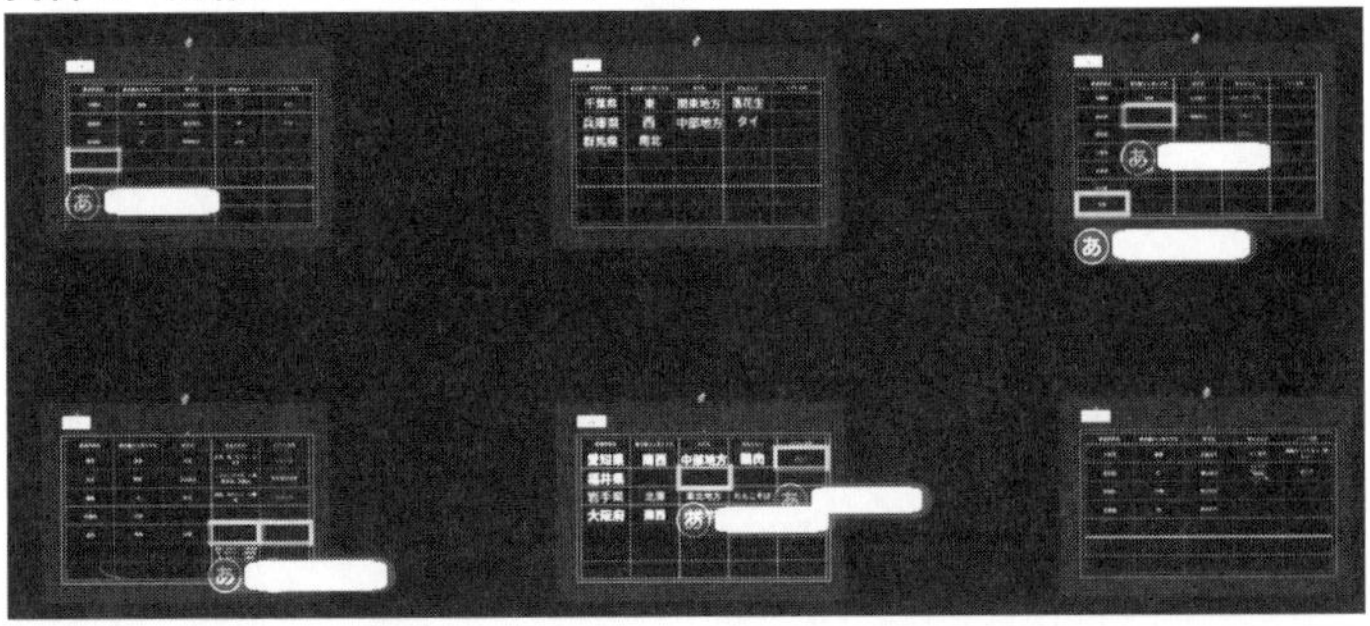

**資料3　班ごとに用意した作業スペース**

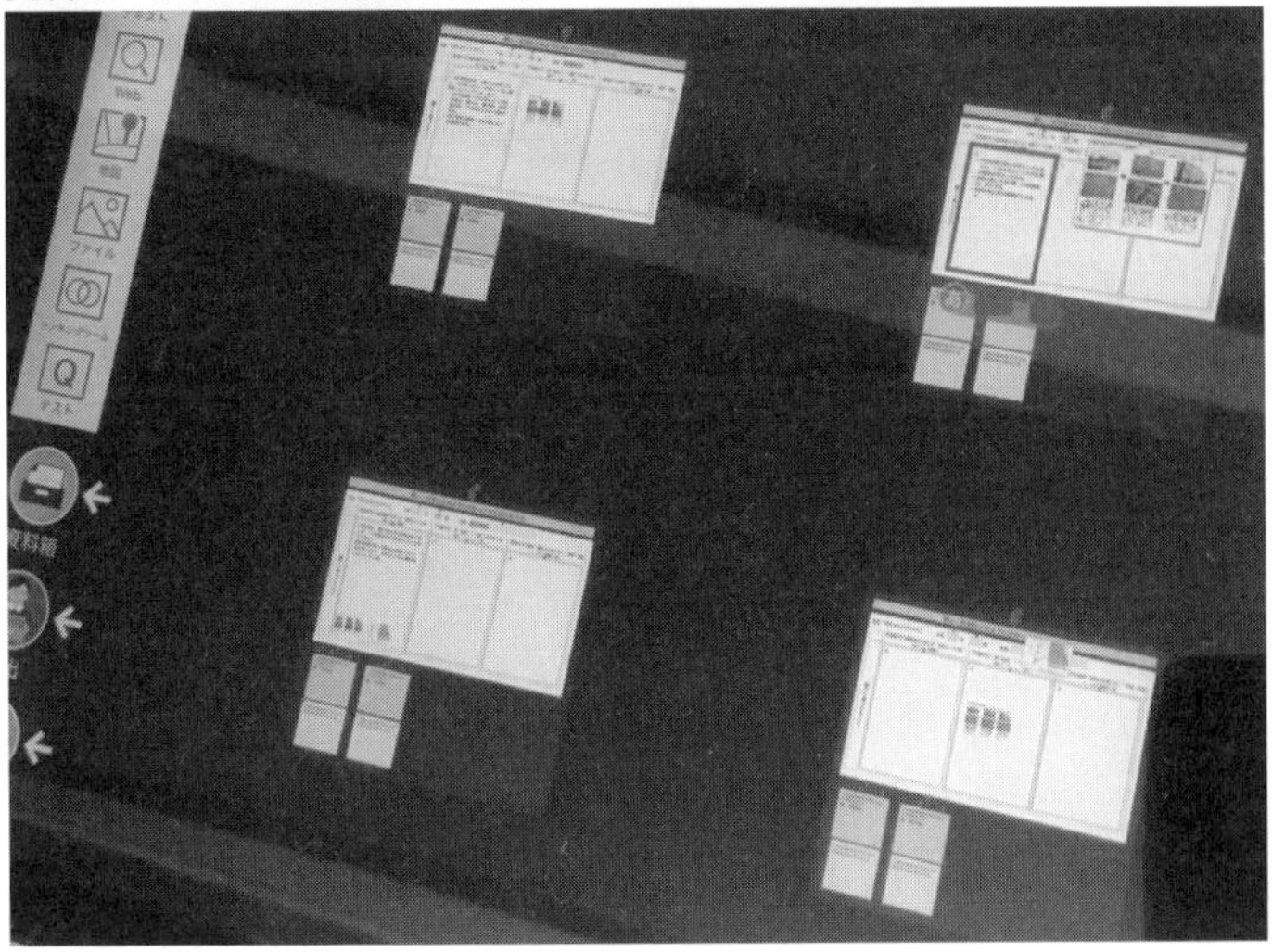

「世田谷区の移り変わり」の事例では、この「共有ノート」を活用し、班ごと（4人ずつ）に作業スペースを用意しておき（**資料3**）、「問い」について調べまとめられるようにしています。

どの子もクラスメイトの活動状況をリアルタイムに確認でき

るので、自分は「なにを書けばよいのか」「どう書けばよいのか」などと悩んだ際には表現の仕方をまねることもできます[④]。このように自分の活動内容を改善できることに加え、クラスメイトとの協力関係も生まれます。

また、「問い」について調べまとめたことは、タブレット上で整理できるようにしています。**資料4**は「データチャート」（思考ツールの1つ）を応用したもので、あらかじめ「問い」ごとに「視点」（「なにをしているか」「だれがしているか」）を設けておき、右端に「問い」についてのまとめ」を書くというフォーマットです（「視点」は単元によって変わります）。

このようにＩＣＴ活用は、「自己調整学習」を充実するうえでも欠かせないと思います。整理すると次の2つの効果を期待できます。

1つめは、情報整理の手順と思考方法が明確になることです。

子どもたちは、文書や動画などを活用して問いに答えられそうな情報を集めます。その際、フォーマットに入力した文章は、文字数に応じて文字の大きさを制御し、自動的に枠内に収めてくれます。加えて、何度でも書き直すことができます（紙ベースのワークシートでも代用できますが、何度も消しゴムで消しているうちに、破いてしまうこともあります）。

また、視点ごとに情報が整理されていることで、俯瞰的に見たり、関連づけたりしやすくなります。違う視点に文章を移動させたり、他の枠の文章と統合したりすることも

資料４　「問いについてのまとめ」を書くフォーマット

| | 何をしているか | 誰がしているか | 学習問題とつなげてまとめる |
|---|---|---|---|
| ごみはどのように集められているのだろうか。 | | | 自： |
| 可燃ごみは、どのようにしょぶんされているのだろうか。 | | | 自： |
| 不燃ごみやそだいごみは、どのようにしょぶんされているのだろうか。 | | | 自： |
| うめ立てしょぶん場ではどのようなことをしているのだろうか。 | | | 自： |
| どのようにリサイクルしているのだろうか。 | | | 自： |

容易です。このように情報整理の完成度を上げながら、自分の思考を深めていけるのです。

また、シートを追加で貼りつけて枠を増やすこともできます。「ゴミの処理と再利用」の実践で紹介した「新たな問い」（１２５頁）なども、このようにして問いを追加しています。

２つめは、自分の学習の進捗状況を把握しやすくなることです。

データチャートなどを活用すれば、「どの問いから着手するか」「どの程度の情報を集められているか」「記入した各まとめを俯瞰して、内容を改善できる余地はあるか」などといった事柄を把握し、もっと自分に合った取り組み方を模索することもできるようになります（この点については、

④クラスメイトの活動状況を見るときには、相手の子に「『見せてもらっていい？』と一言声をかけられるといいね」と指導している。

「学習履歴の管理・可視化」でも述べます）。

また、係活動では「アンケート機能」が大活躍です[5]。たとえば、「ミニミニゲーム係」は、「今後、どんなゲームを増やしてほしいか」などについてクラスメイトに意見を求めていました（**資料5**）。

**資料6**がその回答結果ですが、クラスメイトの意見が自動的に集計され、グラフ化されることで、ミニミニゲーム係の子どもたちは、「次に自分たちがどのような活動を行えばクラスメイトに喜んでもらえるのか」をイメージすることができ、自信をもって話し合うことができていました。

**資料5　アンケート用紙**

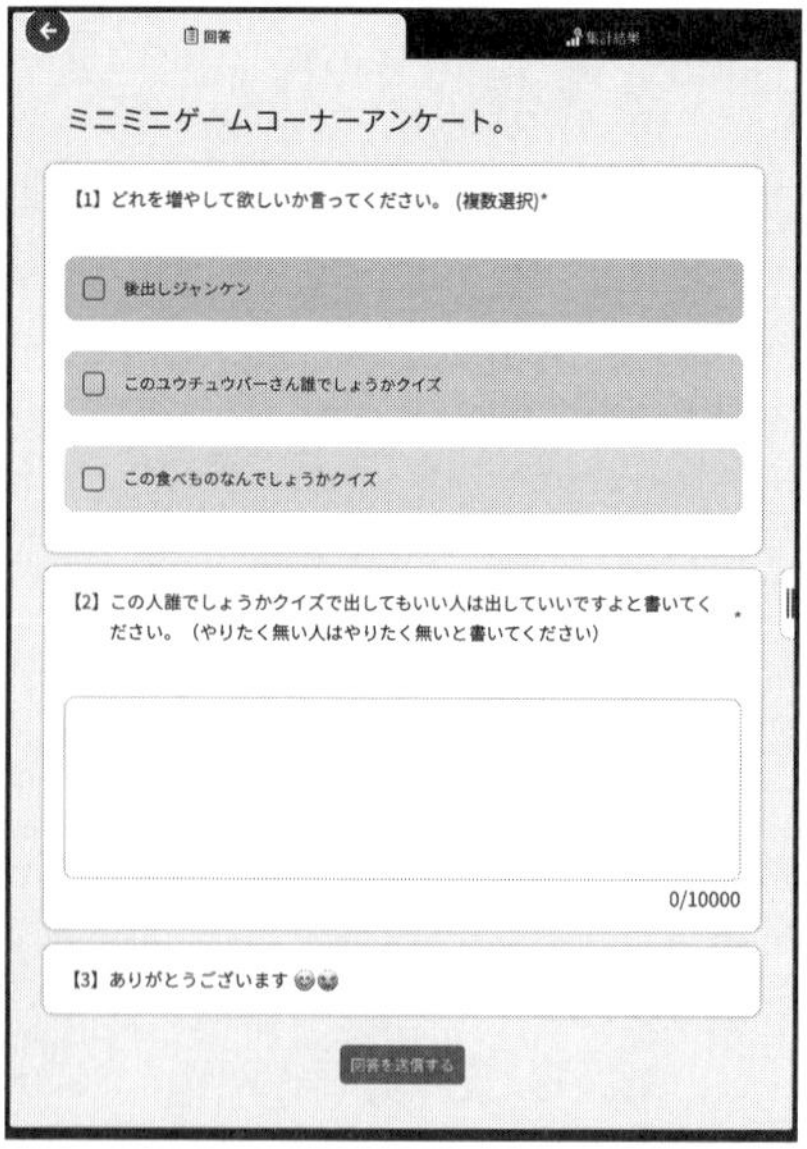


私は以前、学習前の意識調査を行うために、このアンケート機能を使ったことがあります。それを目にした子どもが、〝これは係活動でも使えるんじゃないか〟と思いついたのでしょう。

このように、**私から水を向けなくて**

資料6　アンケート集計結果

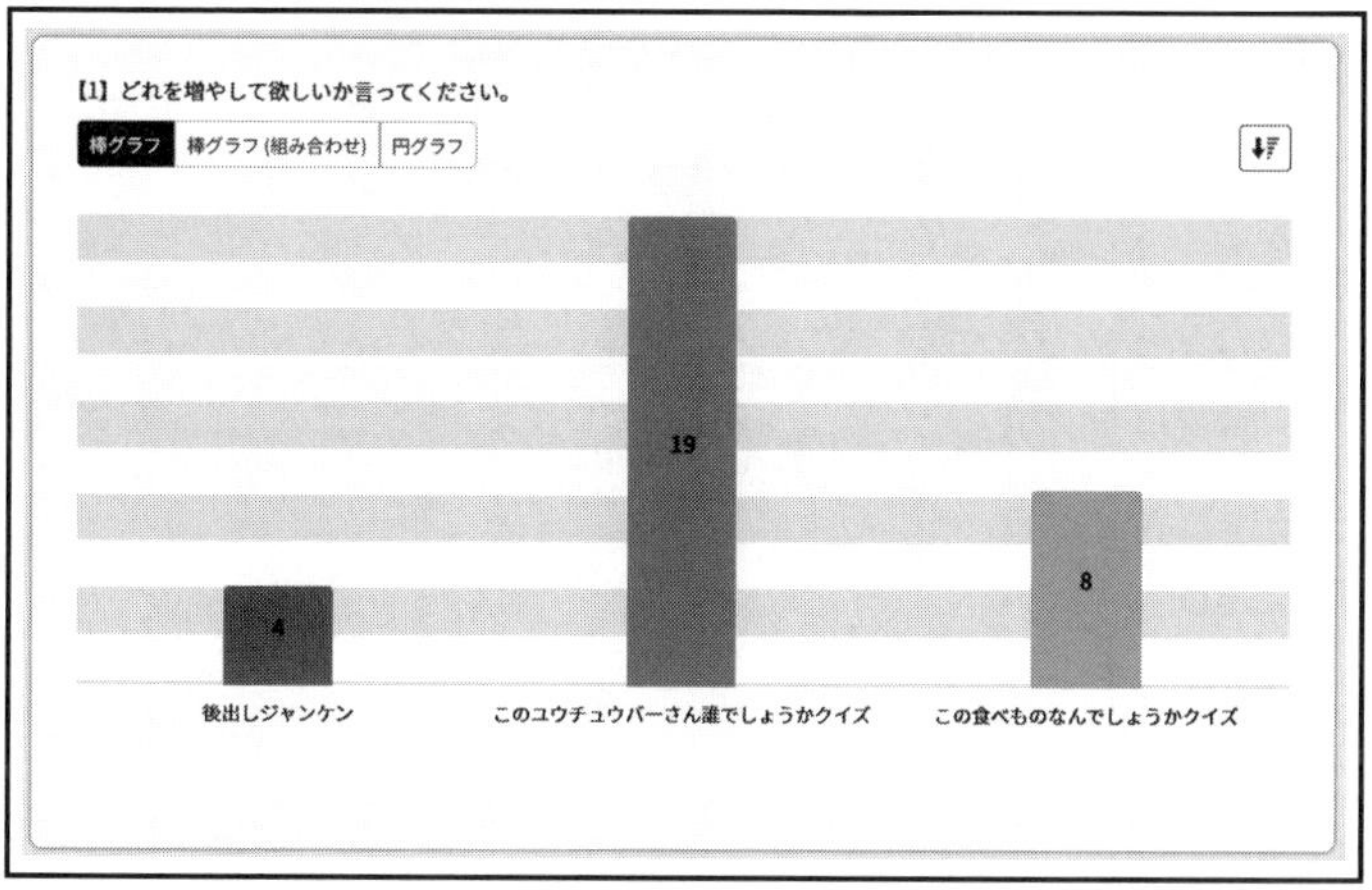


も、子どもはおもしろそうだと思えることがあれば、授業で学んだことを遊び感覚で自分たちの活動に取り入れてくれるのだと思います。このような感覚をもてるようにすることが、ICT活用にせよ自己調整学習にせよ、とても大切だと考えられます。

## 2　学習履歴の管理と可視化

次頁の**資料7**は「ごみの処理と再利用」でのシートです。1枚ポートフォリオ（以下、「OPPAシート」という）と呼ばれる手法で作成しています。

**資料7**は一例にすぎませんが、このようなフォーマットにしておけば、子どもは1画面で自分の学習状況を把握できるようになります。

⑤ロイロノートで作成している。グーグルフォームなどでも代用可能。

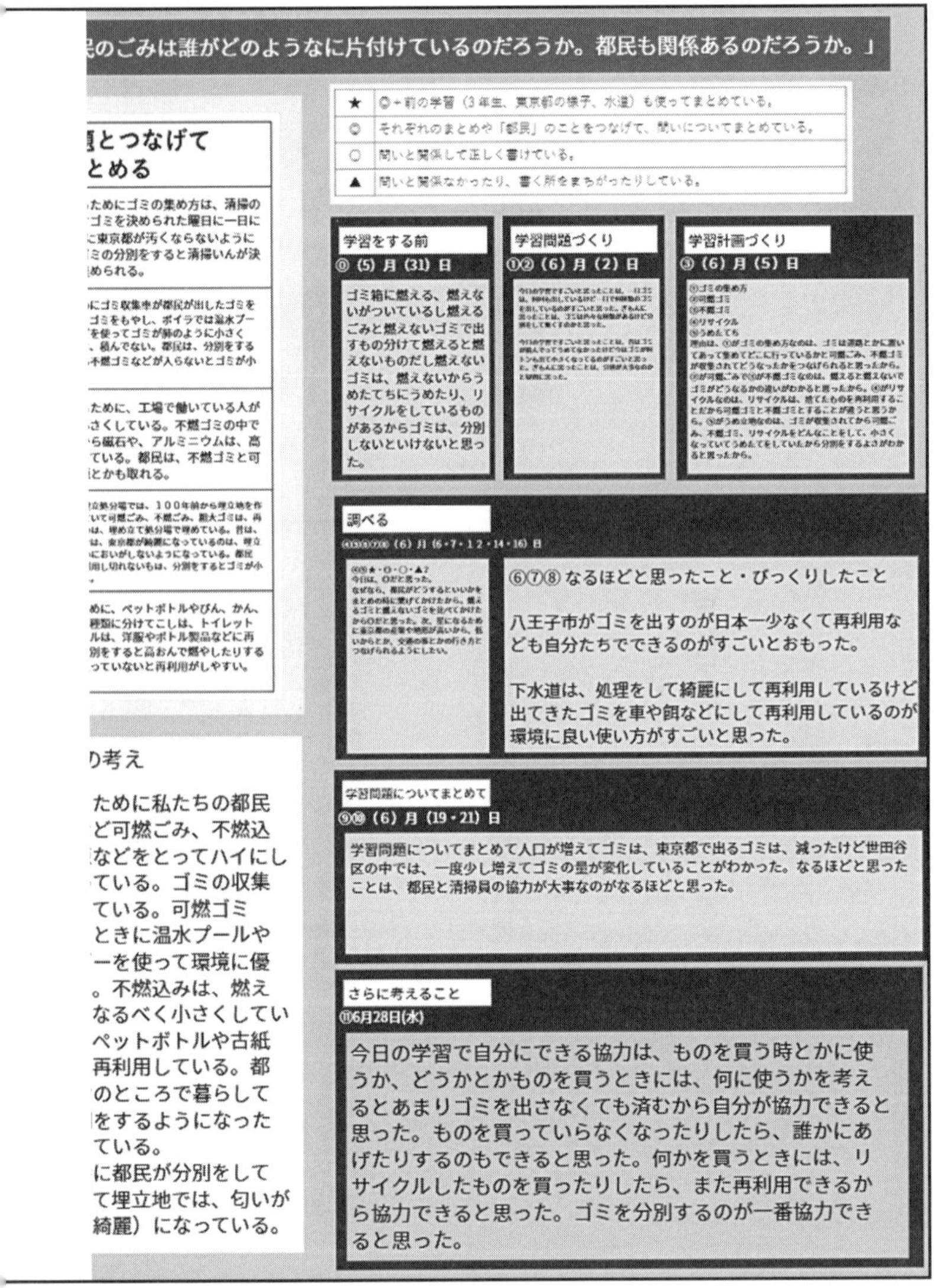
民のごみは誰がどのようなに片付けているのだろうか。都民も関係あるのだろうか。」
★ ◎＋前の学習（３年生、東京都の様子、水道）も使ってまとめている。
◎ それぞれのまとめや「都民」のことをつなげて、問いについてまとめている。
○ 問いと関係して正しく書けている。
▲ 問いと関係なかったり、書く所をまちがったりしている。
題とつなげて
とめる
ためにゴミの集め方は、清掃の
ゴミを決められた曜日に一日に
に東京都が汚くならないように
ミの分別をすると清掃いんが決
められる。
にゴミ収集が都民が出したゴミを
ゴミをもやし、ボイラでは温水プー
を使ってゴミが厚のように小さく
、積んでない。車には、分別をする
不燃ゴミなどが入らないとゴミが小
ために、工場で働いている人が
さくしている。不燃ゴミの中で
ら磁石や、アルミニウムは、高
ている。都民は、不燃ゴミと可
とかも取れる。
めに、ペットボトルやびん、かん、
種類に分けてこしは、トイレット
ルは、洋服やボトル製品などに再
別をすると高おんで燃やしたりする
っていないと再利用がしやすい。
り考え
ために私たちの都民
ど可燃ごみ、不燃込
などをとってハイにし
ている。ゴミの収集
ている。可燃ゴミ
ときに温水プールや
ーを使って環境に優
。不燃込みは、燃え
なるべく小さくしてい
ペットボトルや古紙
再利用している。都
のところで暮らして
をするようになった
ている。
に都民が分別をして
て埋立地では、匂いが
綺麗）になっている。
学習をする前
⓪（5）月（31）日
ゴミ箱に燃える、燃えないがついているし燃えるごみと燃えないゴミで出すもの分けて燃えると燃えないものだし燃えないゴミは、燃えないからうめたてちにうめたり、リサイクルをしているものがあるからゴミは、分別しないといけないと思った。
学習問題づくり
①②（6）月（2）日
学習計画づくり
③（6）月（5）日
①ゴミの集め方
②可燃ゴミ
③不燃ゴミ
④リサイクル
⑤うめたてち
調べる
（6）月（6・7・12・14・16）日
⑥⑦⑧ なるほどと思ったこと・びっくりしたこと
八王子市がゴミを出すのが日本一少なくて再利用なども自分たちでできるのがすごいとおもった。

下水道は、処理をして綺麗にして再利用しているけど出てきたゴミを車や餌などにして再利用しているのが環境に良い使い方がすごいと思った。

学習問題についてまとめて
⑨⑩（6）月（19・21）日
学習問題についてまとめて人口が増えてゴミは、東京都で出るゴミは、減ったけど世田谷区の中では、一度少し増えてゴミの量が変化していることがわかった。なるほどと思ったことは、都民と清掃員の協力が大事なのがなるほどと思った。

さらに考えること
⑪6月28日(水)
今日の学習で自分にできる協力は、ものを買う時とかに使うか、どうかとかものを買うときには、何に使うかを考えるとあまりゴミを出さなくても済むから自分が協力できると思った。ものを買っていらなくなったりしたら、誰かにあげたりするのもできると思った。何かを買うときには、リサイクルしたものを買ったりしたら、また再利用できるから協力できると思った。ゴミを分別するのが一番協力できると思った。

資料7　1枚ポートフォリオ「ごみの処理と再利用」

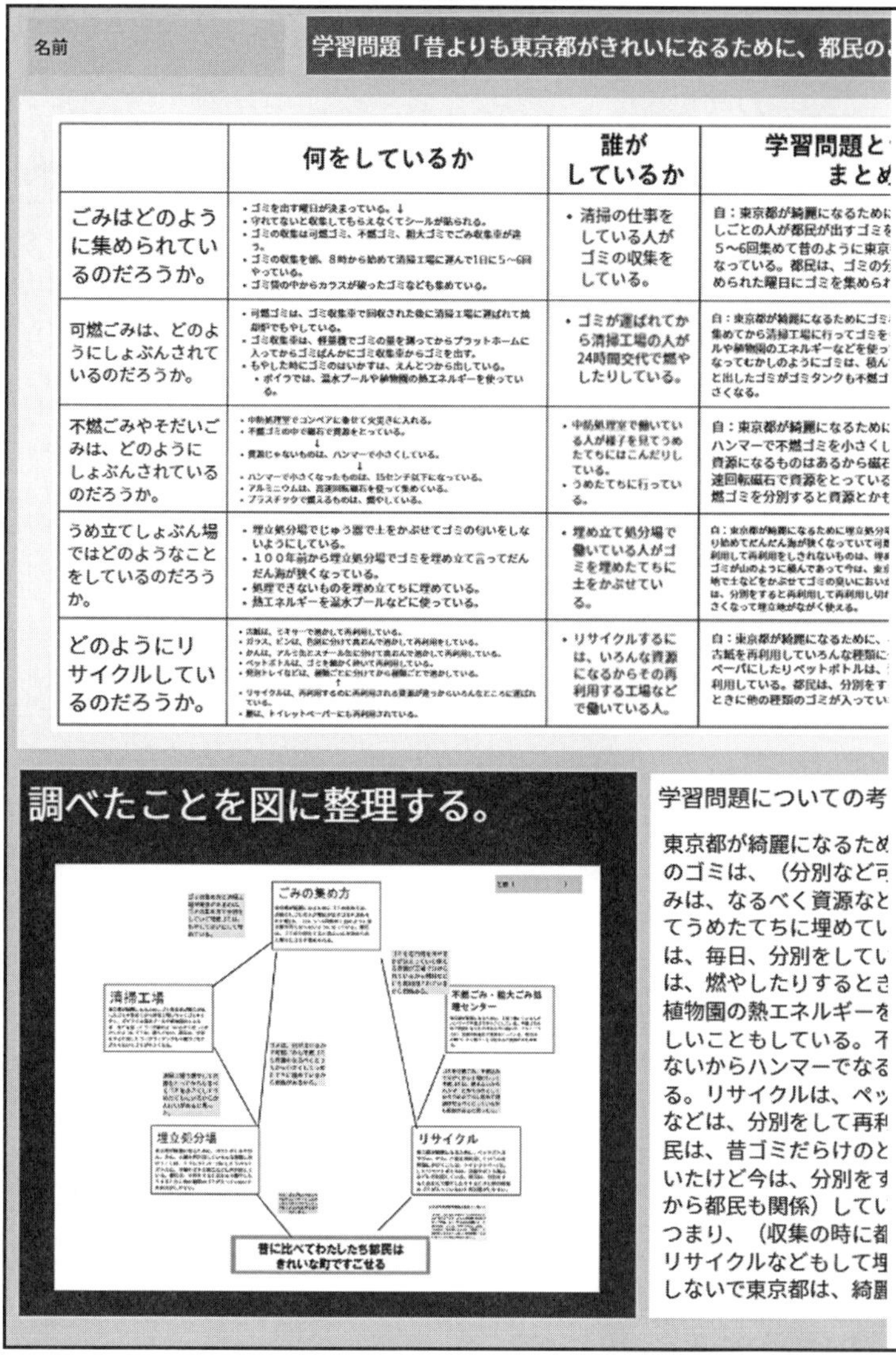
名前
学習問題「昔よりも東京都がきれいになるために、都民の
何をしているか
誰が
しているか
学習問題と
まとめ
ごみはどのように集められているのだろうか。
・ゴミを出す曜日が決まっている。
・守れてないと収集してもらえなくてシールが貼られる。
・ゴミの収集を朝、8時から始めて清掃工場に運んで1日に5～6回やっている。
・ゴミ袋の中からカラスが破ったゴミなども集めている。
・清掃の仕事をしている人がゴミの収集をしている。
自：東京都が綺麗になるために
しごとの人が都民が出すゴミを
5～6回集めて昔のように東京
なっている。都民は、ゴミの
められた曜日にゴミを集めら
可燃ごみは、どのようにしょぶんされているのだろうか。
・もやした時にゴミのはいかすは、えんとつから出している。
・ゴミが運ばれてから清掃工場の人が24時間交代で燃やしたりしている。
不燃ごみやそだいごみは、どのようにしょぶんされているのだろうか。
・資源じゃないものは、ハンマーで小さくしている。
・中防処理室で働いている人が様子を見てうめたてちにはこんだりしている。
・うめたてちに行っている。
自：東京都が綺麗になるために
ハンマーで不燃ゴミを小さくし
資源になるものはあるから磁
速回転磁石で資源をとっている
燃ゴミを分別すると資源とか
うめ立てしょぶん場ではどのようなことをしているのだろうか。
・埋立処分場でじゅう器で土をかぶせてゴミの匂いをしないようにしている。
・１００年前から埋立処分場でゴミを埋め立て言ってだんだん海が狭くなっている。
・処理できないものを埋め立てちに埋めている。
・熱エネルギーを温水プールなどに使っている。
・埋め立て処分場で働いている人がゴミを埋めたてちに土をかぶせている。
どのようにリサイクルしているのだろうか。
・リサイクルするには、いろんな資源になるからその再利用する工場などで働いている人。
自：東京都が綺麗になるために、
古紙を再利用していろんな種類に
ペーパにしたりペットボトルは、
利用している。都民は、分別をす
ときに他の種類のゴミが入ってい
調べたことを図に整理する。
ごみの集め方
清掃工場
不燃ごみ・粗大ごみ処理センター
埋立処分場
リサイクル
昔に比べてわたしたち都民は
きれいな町ですごせる
学習問題についての考
東京都が綺麗になるため
のゴミは、（分別など
みは、なるべく資源など
てうめたてちに埋めてい
は、毎日、分別をしてい
は、燃やしたりするとき
植物園の熱エネルギーを
しいこともしている。
ないからハンマーでなる
る。リサイクルは、ペッ
などは、分別をして再
民は、昔ゴミだらけのと
いたけど今は、分別をす
から都民も関係）してい
つまり、（収集の時に都
リサイクルなどもして埋
しないで東京都は、綺麗

資料８　シート「マット運動」

マット運動学習カード　4年　組　番　名前（　）

| | ①　4月18日 | ②　4 月 25 日 | ③　5 月2 日 | ④　5 月 9 日 | ⑤　5 月 16 日 | ⑥ 5 月 16 日 |
|---|---|---|---|---|---|---|
| 技 | かいきゃく前転<br>大きな前転 | 後転<br>かいきゃく後転 | かべとうりつ<br>ほじょとうりつ | そくほうとうりつ回転 | （ 後転<br>開脚後転 ） | （ 後転<br>開脚後転 ） |
| 動画 | |  |  |  |  |  |
| 振り返り（練習で気をつけたこと、アドバイスをもらったこと） | 今日は、前転は、出来たけど開脚前転や、大きな前転ができなかったので、大きな前転だけでもできるようになったらいいなと思います。 | 今日は、後転ができなかったので、うまく後転をできるように足と手につき方などをうまくしたいです。 | 今日は、壁倒立をしたけどうまく出来なかったので、うまくできるようにかえるの足打ちも練習したいです。だけど壁をよじ登るのは上手くできたのでコツを掴んでできるようにしたいです。 | 今日は、そくほう倒立をしたけど、上手くできなかったので、川とびをもっと上手くやって上手くコツを掴みたいです。回るところで早くできなくて体がだらんとしてしまって上手くできないので早く回れるようにしたいです。 | 今日は、後転をしたけど、上手く転がることが出来なかったので次も練習して上手くできるように頑張りたいです。足とか、手の伸ばし方などが難しいので頑張りたいです。 | 今日は、3回目後転だったけど足の二ば仕方を気をつけてできなかったので次交点をやるときは足の勢いに注意してやりたいうです。 |
| 次がんばろうと思うこと | 次は後転なので、立つのをうまくやれるようにしたいです。開脚後転もできるだけ頑張って取り組みたいです。 | 次は、壁倒立や補助倒立なのでうまく倒立できるように頑張りたいです。 | 次はそくほう倒立回転なので上手く今回もことも生かしながら頑張りたいです。 | 次は、後転をするので、手や、脚をうまく伸ばせるように頑張りたいです。 | 次も、後転ををするので、手と足、転がり方や勢いなどを頑張りたいです。 | 今日は最後の後転をやったけど上手くできなかったので手のつき方と足ののばしかたなどにも気をつけたいです。 |

**資料7**の要素を整理すると、次のとおりです。

- 学習の目標
- 問いについて調べたこと
- 単元全体を通して考えをまとめた関連図
- 学習問題に対する考え
- 単元当初と単元終末との考えの変遷
- 学習の目標を意識した振り返り

**資料8**は、体育「マット運動」で使ったシートです。「技の動画」「今日の振り返り」「次回のめあて」を記入する欄を設け、学習中と学習後それぞれで記録できるようにしています。

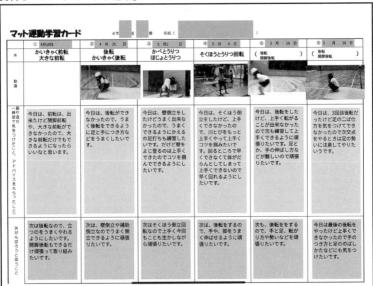

体育の場合は特に、ＩＣＴ版の「ＯＰＰＡシート」に技の動画を埋め込めるのが大きいと思います。これまでも「学習ノート」[⑥]を用いていましたが、子どもがよりいっそう自分の動きの課題や向上点などを把握しやすくなったからです。

単元の終盤は、自分がそれまでにチャレンジしてきたなかから技を選び、新たに自分のめあてを立てて取り組むことにしていました。その意図は、さらなる技の向上をめざし、学習履歴を参照しながら改善点を明らかにし、自ら取り組めるようにすることにあります。

このように学習状況を視覚的に把握できるようにし、学習履歴を管理させる試みは、体育における自己調整スキルを育む学習環境となるといえるでしょう。

## 3　興味・関心に基づく自主的・自発的な学習の促進

「ごみの処理と再利用」（４年社会科）の事例では、単元途中で子どもが「新たな問い」を設定し、学習問題と関連づけながら広く深く学習を進める姿を紹介しました。このような「興味・関心に基づく自発的な学習」を支えるのが、教師による「資料準備」です。

⑥自分の学習の振り返りや学習資料などを１つにまとめたもの（東京都小学校体育研究会）。
https://www3.schoolweb.ne.jp/swas/index.php?id=1350006

どの端末からもインターネットにつなげられるといっても、中学年での調べ学習においては、教師による配慮が必要だからです。

たとえば、中学年の社会科であれば地域学習なので、膨大な検索結果から自分の地域に結びつく有益な情報を見つけ出すのがむずかしいということがあります（検索結果の絞り込みについては、フレーズ検索やサイト内検索といったテクニックも必要になります）。加えてアクセスしたサイトが適切であるかを判断するのが困難であるということも挙げられます。

ただし、発達段階が進み、「このサイトは公共機関が運営しているから大丈夫だ」とか、「このサイトは個人ブログだから情報が不正確だったり考えが偏ったりしているかもしれない」といった（ある程度の）判断ができるようになれば、検索エンジンを使ってゼロから調べさせるのでもよいと思います。⑦

こうしたことから、教師による「事前準備」が必要となるわけですが、その際「子どもがどのような問いをもつのか」について見当をつけておき、どういった資料なら子どもの問いの追究に役立つのかを事前に考えておくことが大切です。また用意した資料は、どの端末からも参照できるようにしておきます（クラウドを利用するのか、ＬＡＮ上のファイルサーバを利用するかなどについては、端末の種類やネット環境に応じて対応します）。

こうした「資料準備」をしておくことで、子どもたちは自分で設定した「新たな問い」

の追究を円滑に進められるようになります。その結果、小さな達成感を積み上げながら「学ぶたのしさ」を味わうことができます。このたのしさは、さらなる自己調整スキルの向上につながっていきます。

他方、学習に必要な情報を簡単かつスピーディに探せる環境をつくっておくことは、子どもが迷わず円滑に学習を進めていくうえで必要なことですが、「なんでもかんでもそうしておく」などと堅く考えないほうがよいと思います。

というのは、調べ学習一つとっても、自分が必要とする情報をなかなか見つけられないなどといった苦労もまた、子どもにとっての大切な学びとなり得るからです（「ねばり強く学習する」ことを重視する「主体的に学習に取り組む態度」の育成に一役買うものだと考えられます）。

そうかといって、いくら学習を進めても光明を見いだせず苦労しかなければ、勉強が得意な子であっても、いずれ嫌になってしまう（主体性が奪われてしまう）でしょう。

ここはバランスの問題であり、迷わずどんどん学習を進められるところと、苦労のさせどころの峻別が大切だということです。これは、調べ学習に限ったことではありません。

⑦ただし、「歴史学習」の場合には、通説とは異なる考えを公開しているサイトも数多いことから、高学年の学習においても教師による配慮が必要となる。もしネットによる調べ学習を取り入れるのであれば、教師があらかじめ調べ学習に役立つサイトをピックアップしておき、そこから選択させるという方法もある。

学習を自己調整させるすべての場面で、（どちら側に舵を切るのか）教師は事前に熟慮を重ねておく必要があります。

さらに言えば、どちらにでも対応できるように資料を用意しておければ最高です。事前の判断では〝この子たちは自分の力で苦労を乗り越えられるはずだ〟と考えて授業に臨んだところ、実際には学習が行き詰まったり、這い回ったりしてしまった…こんな場合にも、「こんな資料があるけど、どうかな」などとうそぶき、隠しておいた資料を後出しで提示するのだってよいわけですから。

## 4　学習状況の把握・分析に基づく教師の支援

ここで紹介するのは、「1」で取り上げた「共有ノート」活用にかかわる利便性です。子どもたちは学習計画に沿って各問いを「個別追究」していたわけですが、誤った情報を正しいと思い込んで入力していることも少なくありません。しかし、「共有ノート」であれば、教師の目にも「どの子が」「どんな間違いをしているのか」が一目瞭然ですから、適時・適切にアドバイスしやすくなります。

これまでも、教室内を動き回りながら個別に指導（机間指導）をしてきましたが、すべての子どもの記述を確認する時間がなかったり、見落としたりすることも少なくなかったはずです。それが「共有ノート」によってほぼ解消できるようになったように思います。教師としてはまず「共有ノート」の記述を見渡しておき、助言すべき子を選定したうえで動けるようになったからです。その際、学習がうまくいっている子の記述も事前に見ておけるので、その子の参考になりそうな記述の仕方や学び方を紹介することもできます（助言する際にも、子どもは大人である教師の考えた表現より、他の子どもが実際に使った表現をそのまま伝えたほうが、すっと頭に入りやすいようです）。

ここでは、「共有ノート」機能を取り上げていますが、ＩＣＴを上手に活用することで、教師は子どもの学習状況をシームレスに掴むことができ、これまでよりも必要なときに、必要なだけのアドバイスを行いやすくなったと言えるのではないでしょうか。

ところで、どの教科の授業でも、タブレット端末ベースで活動をさせていると、授業後に他の教師からこんな質問を受けることがあります。

「さきほどの授業で、子どもたちはどんな学習をしていたんですか？」

このような質問を受けるのは、私の授業が特別そうだというわけではないでしょう。「ＩＣＴ活用も取り入れながら授業をつくる」といったアプローチから、「ＩＣＴありきで授業をつくる」というアプローチによりシフトしてくれれば、授業風景がこれまでとは大きく変わってくる可能性があります。とくに、講師を招聘しての渡りでは、子どもたちが「いま」「なにを」「どんなふうに」自分の学習を進めているのか、見た目にはわかりにくいものになっていくのかもしれませんね。

＊

実を言うと、ここまで紹介してきたことは、仮にＧＩＧＡスクール構想が実現しなかったとしても、教師の工夫次第で実現できることばかりです。

というのは、黒板に対する電子黒板（モニター）、ノートやワークシートに対するタブレット端末（ＰＣ）、図書室や図書館に対する各種Ｗｅｂサイト（ネット検索）などといったように、いずれのＩＣＴ機器も古くからある道具をデジタル的に模倣したものだと考えることができるからです。裏を返せば、子どもたちの学習において、これまで教室環境に存在し得なかったなにかが、新たに創り出されたわけではないということです。

しかしその一方で、ＩＣＴ活用によって学習の仕方（バリエーション）が増えたことは間違いありません。整理すると、次の４点に集約することができます。

**【共有性】**クラウドなど各種サーバーに資料やワークシートなどのデータを保存しておけることで、端末ごとにデータを保持することなく、同一の情報を共有し合える（社会科の資料活用など）。

**【自動性】** アンケートの集計など、数値などを自動的に解析してグラフなどに出力することができる（学習前意識調査や係活動での活用など）。

**【履歴性】** 過去に学習したことを瞬時に呼び出すことができる。統一したフォーマットで記録しておけば、既習との比較が容易になる（既習活用による概念理解の促進など）。

**【参照性】** 教室内を動き回らなくても、子どもたちの入力状況を一望できる。子どもたちにとっても、クラスメイトの記述を参照できるので、自分の学習に役立てることができる（学び方の吟味や学習のまとめの充実など）。

これらは、私自身が実践を通して感じたことなので、ほかにもいろいろな整理ができると思います。ただ、ここで言いたいことは、こうしたＩＣＴ活用の特性を生かすこと**によって、子どもたちが学習を自己調整できる場面をつくりやすくなった**ということなのです。

それともうひとつ、（ＩＣＴそのものの特性というよりも、子どもの学びの変化とも言うべきものですが）次のような状況が見られるようになったことが、私に大きな驚きをもたらしました。

### ●授業時間の学びと授業時間外での学びが、シームレスにつながるようになった。

自己調整学習を進めるにあたって、私がなにより重視しているのが「子どもが自分の学習に対する責任を果たすこと」です。

この考えは、ＧＩＧＡスクール構想にはじまったことではありません。かねてよりずっと重視してきたことです（以前は「学習参加率を上げる」「どの子もフリーライドさせない」といった言い方をしてきました）。しかし、アナログだけの従来の授業では、この学習に対する責任を果たせるようにすることが、どうにもむずかしかったのです。

ワークシートの枠内に収まるように書けない子、そもそも書き方がわからなくて手が止まる子、書いては消してを繰り返すうちに破いてしまう子、資料をなくしてしまう子などさまざまで、自ら学習の責任を果たしたくとも、そうできない子どもが一定数いました。そのため、学習者主体の授業をめざしながらも、思ったようにいかないことのほうが多かったのです。

それが、ＩＣＴ活用が日常になったことで、こうしたむずかしさが徐々に解消されていきました。それにつれて、「学習は先生にやらされるものじゃない。自分でやるものなんだ」という自覚が芽生えていったように思います⑧。

おかげで、授業開始のあいさつを済ませれば、すぐに自分たちの活動にとりかかるし、私のほうも子どもたちの学習の進捗を確認することができます。

また、（第2章の「世田谷区の移り変わり」の実践で登場したDくんのように）自分の進捗状況を確認して、遅れているのではないかと感じれば、家庭で自主学習を行ってリカバリーする子も現れました（ほかにも、進捗にかかわりなく先に進めたくて自主学習する子もいます）。

このように、ICTによって子どもが自分の学習を自己調整できる環境が整ったと考えることができるのではないでしょうか。

## OPPAシートの活用

1枚ポートフォリオ評価論（OPPA：One Page Portfolio Assessment）というすばらしいアプローチがあります。[9]ご存じの方も多いと思いますが、ざっくり紹介すると、1枚ポートフォリオを活用しながら、子どもの自己評価スキルを育む手法です（教師にとっても、

⑧これまでのアナログ的な方法だと、教師は子どもからノートを預かって学習状況を把握し、次の授業の開始時に子どもにノートを返すというやりとりをしてきたが、こうしたちょっとした行為のなかにも、「教師は学習させる側」「子どもは学習させられる側」といったニュアンスを子どもたちに感じさせてしまっていた可能性がある。

⑨堀哲夫著『新訂　一枚ポートフォリオ評価OPPA―一枚の用紙の可能性』東洋館出版社、2019年、38～42頁

子どもの学習状況を知る評価資料としてたいへん有益です）。

この手法には、次にあげる９つの効果があるとされています[10]。

●自分自身の成長や学ぶ意味、必然性、自己効力感を感得できる（評価の本質的な価値を感じ取ることができる）。
●自己の変容に気づくことができる。
●一番大切なことはなにかを問いつづけるようになる。
●学習目標をもつことができる。
●学習の意味を感じ取ることができる。
●教科・科目の本質を理解することができる。
●学習の必然性を感じ取ることができる。
●自己効力感をもつことができる。
●資質・能力を身につけることができる。

こうした効果を踏まえ、私は次の手順で取り組んでいます。

**【教師側の手順】**

①1つの単元を基にしたOPPAシートを授業設計の段階で作成しておく。
②子どもは毎時間の授業後に振り返りを入力する。
③その内容について教師がフィードバックを行う。
④単元終了後に学習内容全体を子どもに自己評価させる。

**【子ども側の手順】**

①学習前に「本質的な問い」についての考えを入力する。
②学習履歴として、各授業で一番大切なことを入力する。
③学習後に「本質的な問い」についての考えを入力する。
④学習全体を通して自己評価を入力する。

私は、この手法をＩＣＴ活用とつなげて手だてとしています。

ここでは、第2章で紹介した国語「モチモチの木」と、社会「水はどこから」の実践を取り上げつつ、どのようにして（1枚ポートフォリオの考え方を取り入れた）ＩＣＴ版のO

⑩同掲載⑨、241～254頁

資料9　1枚ポートフォリオに対応した板書

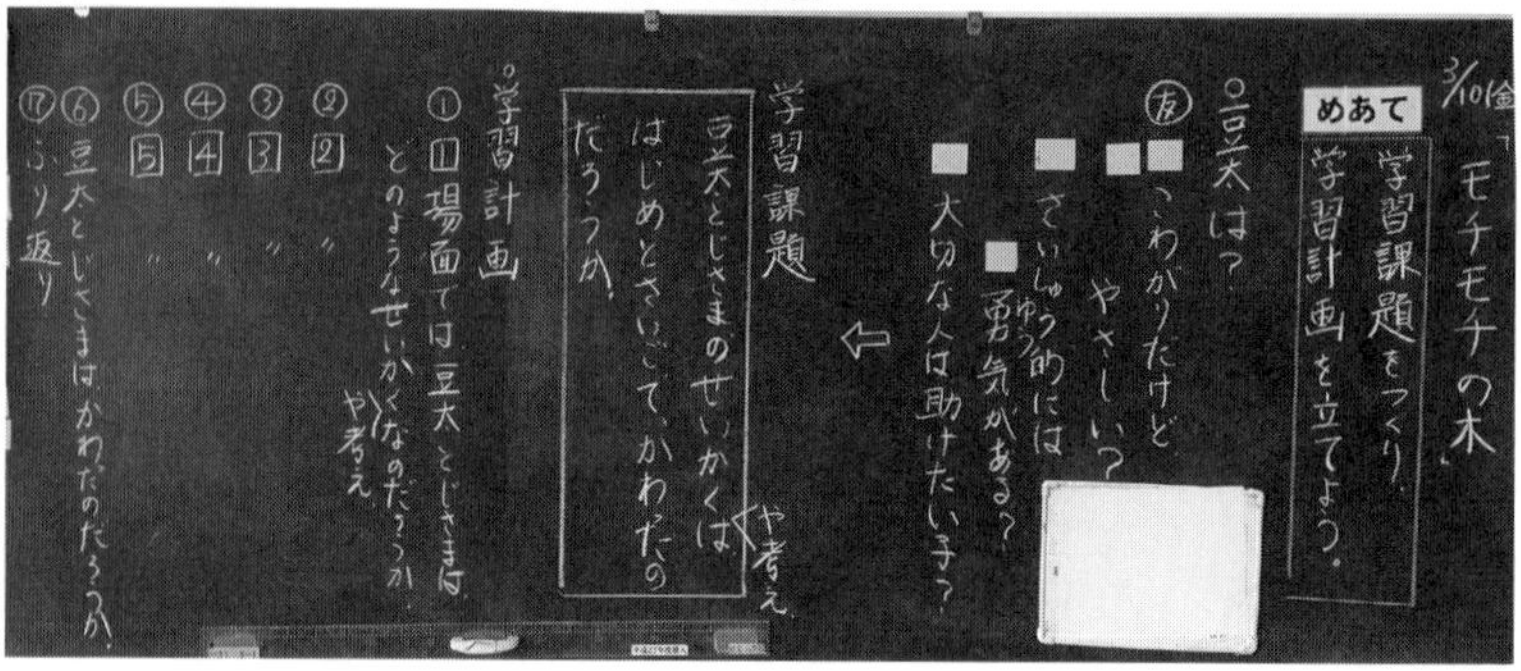


PPAシートを活用したのかについて紹介します。

### 1　国語「モチモチの木」（3年生）におけるOPPAシートの活用

自己調整学習には（繰り返しになりますが）「予見段階」「遂行段階」「自己内省段階」の3つのプロセスがあります。これを単元構成に当てはめて学習を展開することによって、子どもが単元全体で自己調整学習を意識できるようにすることを企図しました。

国語「モチモチの木」は、（第2章で紹介した）「学級会スタイル」で進めた実践で、全8時間構成です。

第1時では、教材全文を通読して感じたことや疑問を出し合い、学習課題と学習計画を立てていきます。そして、**資料9**の板書のレイアウトに対応する形で作成したOPPAシートのフォーマットデータが**資料10**です。

右上には「学習課題」を配置し、「単元全体でなにを追究

資料10　1枚ポートフォリオの構成

国語「モチモチの木」
名前（　）
学習課題
豆太とじさま性格や考えは、はじめと最後で変わったのだろうか。
学習計画
①1場面で豆太とじさまはどのような性格や考えなのだろうか。
②2
③3
④4
⑤5
⑥豆太とじさまは変わったのだろうか。
⑦ふりかえり
振り返りの視点
・できたこと、次がんばろうと思うこと
①
②
③
④
⑤
⑥
⑦

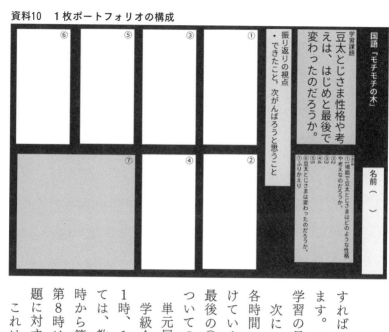

すればよいのか」を意識できるようにしています。その直下には「学習計画」を配置し、学習の見通しをもてるようにしています。

次に「振り返りの視点」を配置しておき、各時間の振り返りを入力する枠（①～⑥）を設けています（第2時～第7時までの全6時間分）。最後の⑦は単元終末に入力する「学習課題についての考え」をまとめる枠です。

単元展開については、次のとおりです。学級全体で学習課題と学習計画を決める第1時、1場面の読み取りを行う第2時については、教師である私が授業を進めます。第3時から第7時は「学級会スタイル」で進め、第8時は単元全体を振り返りながら、学習課題に対する自分の考えをまとめていきます。

これは、第3時以降は子ども主体にする代

わりに第2時までは教師主導で授業を行うといった意図ではありません。最初の2時間は、第3時以降に子どもが自分たちで円滑に学習を進めていけるようにするためのガイダンス的な位置づけです（この手法は、オランダの授業で見られる「レクチャー〈講義〉」に近いかもしれません。オランダでは、教師によるレクチャー後、子どもたちは個別ないしは数名の少人数単位に分散して自分の学習を開始するといいます〈中田正弘、坂田哲人、町支大祐著『学習者主体の「学びの質」を保証する』東洋館出版社、２０２３年〉）。

さて、最初に注目してほしいのが、ＡさんのＯＰＰＡシートです（**資料11**）。

この子は、登場人物の性格や考えに着目しながら「自分の考え」をつくっていますが、時間を追うごとにその考えを練り上げていく様子が見て取れます。

たとえば、④［第5時］の振り返りでは、「おくびょうなことは、1、2、3場面では、豆太の性格は変わっていない」「4場面は、変化があると思うからそこをほかの場面との変化を見つけたい」と記述しています。この記述から、前者では学習課題を踏まえた読み取りを行い、後者では次の場面での自身のめあてを考えていることがわかります。

単元終末では、「豆太もじ様も二人とも変わっていることがわかった。（中略）じ様は、性格が変わっていなくても考えが変わっていることがわかった。豆太のことを今は、豆太を勇気のある子供だと考えていると思ったから」と単元全体を振り返っています。

**資料11　Aさんがまとめた1枚ポートフォリオ**

国語「モチモチの木」

名前

学習課題
豆太とじさま性格や考えは、はじめと最後で変わったのだろうか。

①1場面で豆太とじさまはどのような性格や考えなのだろうか。
②2
③3
④4
⑤5
⑥豆太とじさまは変わったのだろうか。
⑦ふりかえり

振り返りの視点
・できたこと、次がんばろうと思うこと

①今日の学習でわかった事は、豆太がどんな性格なのかがわかった。次頑張ろうと思うことは、考えのことを詳しく豆太とじ様の考えを調べる。

②今日の学習で分かったことは、①場面の豆太は、おくびょうでじ様は、勇敢で優しいことが分かった。次頑張りたいことは、二場面で一場面との変化があったらそこを豆太とじ様の性格をかきたい。

③今日の学習で分かったことは、②場面では、まだ豆太はおくびょうで昼だけ威張っていて一場面との変化は、まだ豆太には、ないことがわかった。次頑張ろうと思うことは、三場面の豆太のどこがおくびょうのところを次、見つける。

④今日の学習で分かったことは、③場面になって豆太がじ様と比べてモチモチの木をみたいと思っているけど豆太の性格は、おくびょうなことは、1、2、3場面では、豆太の性格は変わっていない。次頑張ろうと思うことは、④場面は、変化があると思うからそこを他の場面との変化を見つけたい。

⑤今日の学習で分かったは、4場面で豆太は、変わって勇気があることがわかった。豆太は、一人で医者を呼びに行けてモチモチの木にひがついて勇気のある子供に1－4場面で豆太が変かがあるところだと分かった。次頑張ろうと思うことは、五場面豆太は、けっきょくどうなったのかを次は、詳しく書きたい。

⑥今日の学習で分かったことは、5場面では、豆太は、トイレにじ様を起こしたけど一人で夜道を2km夜道を歩けて医者を呼べたから豆太は、大事な人のことには、勇気を出せることがわかった。じ様は、も考えが変わったことがわかった。

⑦今日の学習で分かったことは、豆太もじ様も二人とも変わっていることがわかった。豆太も医者を呼びに行けてモチモチの木にひがついてるのをみたのは、豆太だったから豆太は、変わったことがわかった。じ様は、性格が変わっていなくても考えが変わっていることがわかった。豆太のことを今は、豆太を勇気のある子供だと考えていると思ったから。

これは、各場面で「二人は変わったのか、変わっていないのか」ということを常に問いながら、自分の考えを積み重ねてきたからこそ記述できた、単元全体の総括だと考えられます。

このように、子どもが自分の考えをどのように深めていったのかという軌跡を一望できることも、OPPAシートのよさだと言えるでしょう。教師にとってもAさんの学習状況を見取るうえで有用な評価資料となります。⑪

⑪第2章で紹介したように、本単元は「学級会スタイル」で進めたものである。「1枚ポートフォリオで書く」という活動を各時間の終末に設定したことで、子どもは教師の手を離れ、自分の考えを深めながら学習を進めていけることがわかる。この点については「振り返りのルーティーン」の項で詳述する。

## 2　社会「水はどこから」（4年生）におけるＯＰＰＡシートの活用

**資料12**は社会「水はどこから」で活用したＯＰＰＡシートのフォーマットです。最上段中央に学習問題を配置し、右肩に「学習の目標」を配置しています。その下段の左サイドは「問いに対する考えとまとめ」「関連図や学習問題についての考え」を配置し、右サイドは各時間・段階ごとの振り返りを記述する枠を設けています。

社会科の場合、教師が一方的に学習問題を提示することはせず、子どもたちが予想や疑問を出し合うなかでつくっていくものなので、このＯＰＰＡシートは、学級全体での話し合いによって「学習問題」「学習計画」「学習の目標」ができあがった段階で子どもたちに配布します。⑫

ここでは、ＩＣＴを活用したＯＰＰＡシートの効果を5つ紹介します。

### ①　各問いについて学習したことを詳細に記録できる

まず、アプリを使えることで（枠の大きさは固定で、文字数に応じて文字の大きさが変わるように自動調整されるので）文字数の制約がなくなり、子どもは調べたことを思う存分入力することができます。書き込んだ後は、不要な情報や表現を削りながら整理するように促します。そうすることで、自分がどんなことに気づいたのか考えたのかがわかりやすくなり、各問いについてまとめやすくなります（**資料13**はＢさんがまとめたＯＰＰＡシート）。

資料12　1枚ポートフォリオの構成「水はどこから」

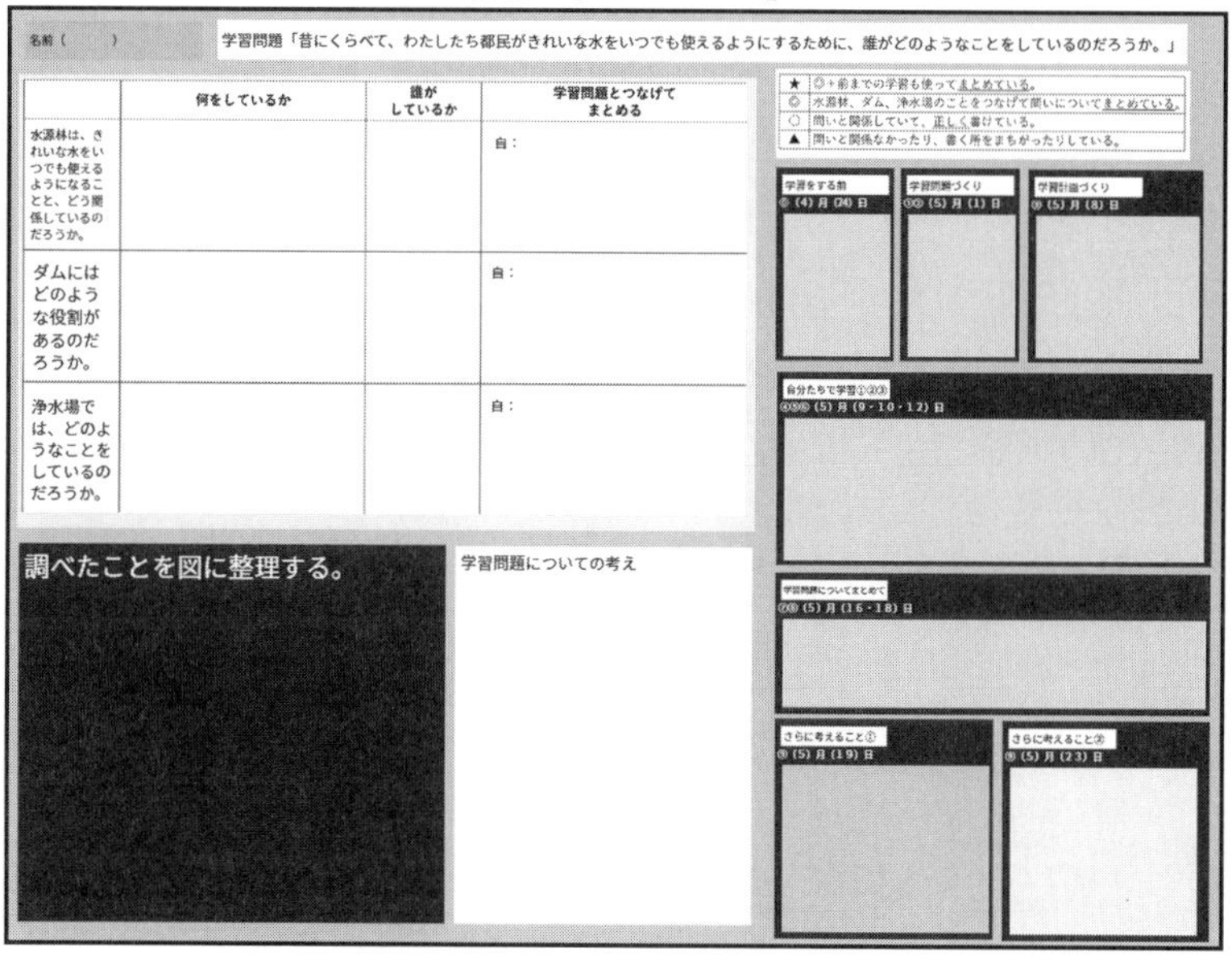


② 学習問題を常に意識することができる

クラスメイトと話し合いながら学習問題をつくっているときには問題意識をもてていても、活動が進んでいくうちにその意識が薄らいでしまう（学習問題を忘れてしまう）こともあります。これは子どものやる気の問題では必ずしもありません。学習特

⑫実は、単元導入前にアンケート機能を活用して「節水についての意識調査」を行い、1枚ポートフォリオとは別のシートに記録させている。これは、学習問題をつくったときや学習計画を立てたときの振り返りについても同様である。

その後、子どもは自分で記述した別シートの文をコピーして資料12の1枚ポートフォリオの該当箇所にペーストする。そうするだけでも効率的で、かつ学習履歴を管理しやすくなる。

「…をいつでも使えるようにするために、誰がどのようなことをしているのだろうか。」

…とつなげて
…める

…も使えるように水源林
…少しずつ流し、雨水が
…で雨水が綺麗になって
…う役割を持っている。
…元気でいるために、水
…も寒い日も森に入って
…どを手入れしている。

…でも使えるようにダム
…使う水の量の変化に
…ていつも安定して水を
…安心安全な水を送るた
…が、検査をしてくれて
…をいつでも使える。

…でも使えるようにす
…人たちが5つの段階を
…れてきた水を水道水
…査もしているまた、
…質検査をしている。
…麗な水を使える。

…考え

…な水をいつでも使える
…人達や浄水場の人達が
…をうまく使って水を綺
…考えた理由は、3つあ
…土の層を通って綺麗に
…どその水を雨水から作る
…本数や日当たりなどの
…らそれで水をいつでも使
…目の理由で言った水源
…から流れてきた水をダム
…また水道局の人達が、
…てくれているから安心
…使えるから。3つ目は、
…の水を浄水場の人たち
…ら流れてきた水を水道水
…検査をして綺麗なみず
…などでも水質検査をして
…の水源林、ダム、浄水場
…ない。（ダムを作るた
…が協力してくれた。）

| | |
|---|---|
| ★ | ◎＋前までの学習も使ってまとめている。 |
| ◎ | 水源林、ダム、浄水場のことをつなげて問いについてまとめている。 |
| ○ | 問いと関係していて、正しく書けている。 |
| ▲ | 問いと関係なかったり、書く所をまちがったりしている。 |

**学習をする前**
⓪（4）月（24）日

水を無駄に使っていたら物にたよりすぎていつか水が無くなったり自分の力で水を手に入れられなくなるかもしれないから。

**学習問題づくり**
①②（5）月（1）日

今日の学習で、意外に生活には、水を多く使っていることにびっくりしました。考えるといろんなことに使っていてみんなのアイデアになるほどと思いました。生活に水を多く使っているからきれいな水がなくなり生活が出来なくなるかもしれないと思いました。次の学習も頑張りたいです。東京都民が綺麗な水をいつでも使えるようにするために水道会社の人たちが水をどのように使うか考え(1日にこれぐらいと制限して水不足にならないようにしている?と思いました。今日の学習で24時間水無しで生活している人がいたと知ってすごいなと思ったしびっくりしました。あと昔は、水不足だったのになんで今は人口も増えているのに水をいつでもつかえているんだろうと疑問に思いました。

**学習計画づくり**
③（5）月（8）日

どういう順番で調べるか
①水源林　②ダム　③浄水場
この順番に調べたいと思いました。なぜならこの順番なら水源林からダムに水が流れてきて浄水場で水を綺麗にするという順番と同じだからです。もう一つの理由は、この順番なら最初の理由の通りにできるから学習をつなげやすくなると思ったからです。

**自分たちで学習①②③**
④⑤⑥（5）月（9・10・12）日

5月10日は、○です。なぜなら、水源林やダム、浄水場のことをつなげることができなかったからです。次は、水源林やダムのことつなげて頑張りたいです。

5月12日は、◎だと思いました。なぜなら、水源林やダム、浄水場のことをつなげることができたからです。今日の学習で、思ったことなどは、浄水場で1日に学校のプールのやく23000はいぐらい水を綺麗にしていることの知ってすごいなと思いました。他にも前な学習で、水源林が川に水を少しずつ流していることがわかって誰かがやっているわけでもないからすごいなと思いました。あとは、水道水のもとが雨水だと知って雨水を綺麗にしているんだなと思ってすごいなと思いました。次の授業では何をするかわからないけど◎や☆を目指して頑張りたいです。

**学習問題についてまとめて**
⑦⑧（5）月（15・17）日

節水は私は必要だと思いました。なぜなら、水源林やダム浄水場があるからって水をどんどん使っていたらいつか雨がふらなくなったり川の水などが無くなったりして何かしらトラブルなどがあった時に水がなかったら生活できないからです。だから、節水をしてそういう時のために水をためておくんだと思いました。

**さらに考えること①**
⑨（5）月（19）日

都民の節水は必要だと思いました。なぜなら、雨が降らなくなったり浄水場が水を綺麗にできなくなったら節水していた水を使って生活できるからです。このように、何か起きた時の非常時に節水していた水を使うから節水は必要だと思いました。次の授業では、何をするかわからないけれど節水やダムなど前の学習をつなげて頑張りたいです。

**さらに考えること②**
⑨（5）月（24）日

今日の学習で自分は、どのような場面で節水することができるかを考えてお風呂の時や手洗いの時など、色々な場面で、節水できるのでこれからは節水を意識しながら生活をしていていきたいです。（たとえば手を洗うときに石鹸で手を洗っているときは、水を止めたりする。）

## 資料13　Bさんがまとめた１枚ポートフォリオ

名前

学習問題「昔にくらべて、わたしたち都民がきれいな水をい

| | 何をしているか | 誰が<br>しているか | 学習問題と<br>まとめ |
|---|---|---|---|
| 水源林は、きれいな水をいつでも使えるようになることと、どう関係しているのだろうか。 | ・水道水の元は雨水<br>・雨が森林から少しずつ流れていいって川にながれていく。<br>・こうした動きから森林は緑のダムとも呼ばれている。<br>・森林に落ち葉が積もりその落ち葉を土の中の小さな生き物が食べて柔らかい土ができる（その土で雨がたくわえられる。） | ・水道局の人たちが水源林を元気な森にするために暑い日も寒い日も森に入って、人工林の手入れなどをしている。（木の本数や日当たりなどを手入れする。枝や木を切る）<br>・水源林をおとずれる色々な人たちに森の働きを知ってもらうために「水源林ふれあいの道」を3コースと、「奥多摩湖いこいの路」を作った。 | 自：綺麗な水をいつでも<br>は、雨を柔らかい土で少<br>土の層を通っていく中で<br>その水を川に流すと言う<br>そして、その水源林が元<br>道局の人たちが暑い日も<br>木の本数や日当たりなと |
| ダムにはどのような役割があるのだろうか。 | ・ダムには、いつも安定して水を送る役割があり、川などの水をせき止めて、水をためておくところ<br>・雨の量の変化や使う水の量の変化によって川に出る水の量ちょうせつする。<br>・ダムは色々な県（他の県）にある。 | ・水道局の人たちがダムや川の検査をしてくれて水が汚れていないか検査している（汚れがひどいと水が[illegible]なくなるから）<br>・検査をしているときに魚が流れていたり魚が浮いていたりして川の水が汚れていることがわかる<br>・どのくらい汚れているか、汚れのもとがどこから流れてきたかを調べる<br>・ダムの建設現場で働く人は山にこもって家に帰らずダム作りに取り組んだ<br>・ダムを作るところに住んでいた人たち。 | 自：綺麗な水をいつで<br>は、　雨の量の変化や使<br>よって水の量を変えてい<br>送っている。いつも安<br>めに水道局の人たちが、<br>いてだから綺麗な水をい |
| 浄水場では、どのようなことをしているのだろうか。 | ・ダムや川をくだってきた水は浄水場にいく。<br>・ダムや川の水は浄水場で5つの段階で水道水になる。<br>・魚の行動で水が綺麗かなどを調べている。<br>・人口が増えたことによって必要な水の量が増えた。一日で学校のプールやく23000ぶんも水を綺麗にしている。<br>・東京都で管理する浄水場は全部で10件ある。 | 水道局の人達<br>浄水場の人達 | 自：綺麗な水をいつで<br>るために、浄水場の人<br>して川やダムから流れ<br>にしている。水質検査<br>魚の行動などでも水質<br>だから、いつでも綺麗 |

調べたことを図に整理する。

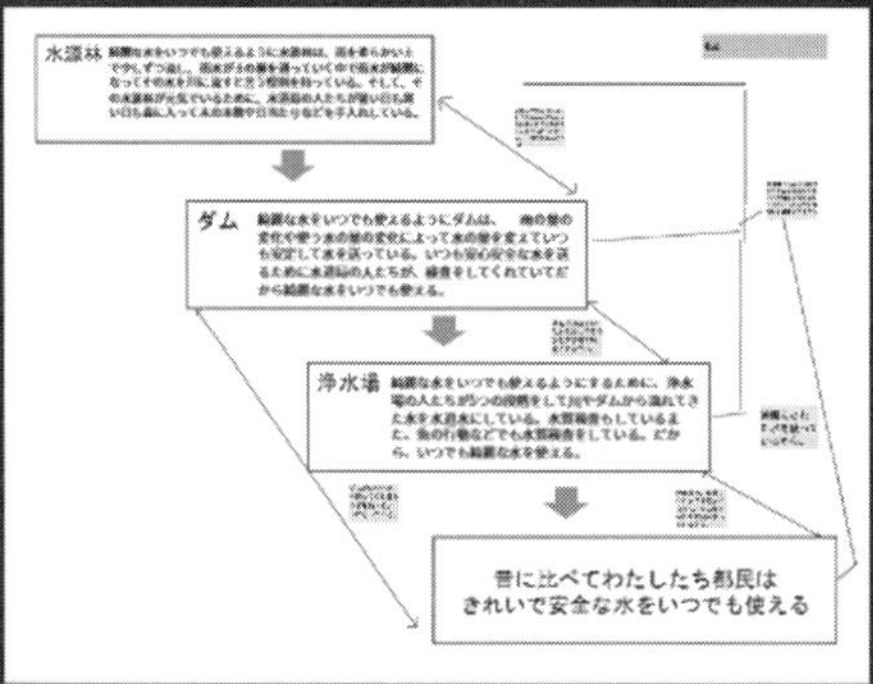


学習問題についての考

昔に比べて私達都民が綺麗な
ようにするために水道局の人
協力してダムや浄水場などを
麗にしていると思う。こう考
る。一つ目は、水源林から土
なった水が流れてくるけれど
ために水道局の人達が木の本
手入れをしてくれているから
えると思う。2つ目は、1つ目
林のこととつなげて水源林か
がせき止めていてそこでもま
その水が汚くないか検査して
安全の水を私たち都民がの使
ダムの水が浄水場にきてその
が5段階をしてダムや川から
にしている。他にも、水質検
を作っている。（魚の行動な
いる。）このように、3つの
がなければ綺麗な水を作れな
めに村に住んでいた人たちが

性に起因する問題です。

個別の問いについてはミクロな視点で情報を集めなければなりませんが、その過程で学習問題との距離が（いったんは）離れていくからです。その結果、子どもの頭のなかで、最終的に解決を図るはずの学習問題の輪郭がぼやけてしまうのです。

学習問題の解決を図ることを学習の目的としながら、その学習を進めていくうちに学習問題から離れていくというのは、一見矛盾しているように感じられるかもしれませんが、実はとても自然なことです。なぜなら、行きつ戻りつが理解に届くために必要なプロセスだからです。

ここでいう「戻りつ」とは、学習問題への立ち返りです。そのため、子どもが〝あれっ、わたし（ぼく）はなんのために調べたり考えたりしていたんだったっけ？〟となったら、いつでも戻ってこられるよう、一番目立つところに学習問題を常に配置しているわけです。

**③　学習記録と学習の目標を参照することで、振り返りを書きやすくなる**

振り返りというと、自分は「どんなことに気づいたのか、考えたのか」「どうすればよかったのか（どうしないほうがよかったのか）」「次はどうするか（しないか）」といったことを書かなければならないと思いがちです。たしかにそのとおりなのですが、とにかく真っ先に右に挙げたことを書こうとすると、かえって手が止まります。なぜか？

それは、振り返りを書くために必要な要素である具体的な事実と、自分の学習が適切に前に進んでいるのかを確認できる自己評価基準が欠けていると書けないからです。それに対して、ＯＰＰＡシートであれば、この双方を常に表示して確認することができます（「具体的事実」とは「何をしているか」「誰がしているか」の枠に記述した子ども自身が調べたこと、「自己評価基準」とは「★◎○▲」と記述されている「学習の目標」を指します）。

こうしておくことで、どの子も振り返りをしやすくなり、単元の途中であれば「次の授業ではどのように学習をしていくのか」、単元の最後であれば「本単元を通じて自分はなにを学んだのか」を見いだせるようになります。

### ④　関連図を制作する際、各問いのまとめに入力した文字（表現）を使いながら（コピー＆ペーストしながら）活動できる

単元終末になると、子ども一人一人が調べ考えたことを総合することを目的として、私はしばしば関連図制作の活動を取り入れています。これは「一人一台端末」が実現する前からも行っていたことで、そのころは各時間のまとめをミニカード（大きめの付箋）に書き溜めておき、それらをワークシートに貼りつけるようにしていました。しかし、貼ったり剥がしたりすることを繰り返しているうちに、付箋の粘着力がなくなってきてポ

ロポロ落ちてきてしまったり、付箋に書いた言葉も何度も書き直すうちに汚くなってしまったりすることもあって、使い勝手や見映えがよいものではありませんでした。

こうした一連の活動の困難さも、タブレット機器によって解決してしまいました。各問いのまとめで書いたこともコピー&ペーストできるので、汚れることなく何度でも試行錯誤を行うことができます。

そうするうちに子どものほうも、（アナログでやりくりしていたころより）「自分が調べたことを自分で活用する」という意識をもちやすくなっているように感じます。加えて、ＯＰＰＡシートそのものが学習履歴となるので、ほかの単元の学習をする際にも、既習資料として活用しやすくなります。こうしたことの結果、年間を通じて子どもの記述が、日を追うごとにグレードアップしていくのを実感しています。

## ⑤　単元学習前と単元中盤、単元終末などを容易に比較することができる

蛇口の水を出しっぱなしにしていたら、保護者からこっぴどく叱られた。そんな経験から多くの子どもは肌感覚で、「水を無駄遣いしてはいけない」という考えをもっています。しかしそれは、「叱られるのは嫌だから」とか、「（水がもったいないというよりも）水道代（要するに、お金）がもったいないから」という認識であり、節水そのものに対する関心が高いわけでは必ずしもありません。

こうした認識をスイッチし、「節水へのかかわり」に対する理解を深めるのが、本単元「水はどこから」における裏テーマでした。つまり、学習を通じて、「多くの人々の協力によって飲料水の供給の仕組みを支えていること」に気づき、本当の意味での「節水の大切さ」の理解を深めたいと考えていたのです。

そこで、本単元におけるOPPAシートでは、「節水」を視点に据えて子どもが考えたことを入力する枠を設け、学習する前の自分の考えと比較参照できるようにしました。

また、振り返りの欄には学習予定日を記入するようにしたことで、「次はどのような学習をすることになるのか」「自分はその日までになにをしておく必要があるのか」に対して意識を向けられるようにしています。**自己調整スキルを磨くためには、学習内容だけでなく、自分のスケジュールを把握して随時調整していける場面をつくる**ことが必要だからです。

OPPAシートにはもう一つ、予期せぬ効果がありました。それは、（取り組みはじめたときには私も気づかなかったのですが）「一つ一つの記入欄が徐々に埋まっていく」ことに対して、子どもが小さな達成感を味わっていたことです。

これは、ノートを軸としていた学習や、毎時間、別々のワークシートに記述する学習では味わいにくかったものだと思います。というのは、ノートはまっさらなので次の頁になにを書くことになるのかは、教師の指示があってはじめてわかるものだし、ワークシートのほうは「なにを書けばよいか」については事前にわかるものの、それが次の時間にどうつながっていくかについては知ることができず、その場限りになってしまうこともあるからです。

それが、ＯＰＰＡシートだと、学習の見通しをつけやすく、自分が学んだことを見返すことも容易で、かつ自分が学習を進めていけばどんどん枠を埋めていくことができます。その結果、単元の最後にすべての枠が埋まると、「自分はこの単元でがんばれたし、考え方もすごく成長した」と思えるのだと思います。そのような意味では、いわばスタンプラリーのような遊び感覚を通して達成感を味わっているのかもしれません。

こうした小さな達成感（成功体験）の積み重ねが、次の学びに向かっていこうとするエネルギーの源泉となり、自分で自分の学習を調整しようとするモチベーションにつながっているように思います。

このようにＯＰＰＡシートは、単に有益な評価資料となるだけでなく（指導と評価の一体化に資するだけでなく）、子どもにとって、学習の見通し、既習との相互参照、進捗管理に寄与するものであり、ひいては学ぶことへの価値意識や意欲を高めることにも一役買っているように感じます。

## 振り返りのルーティンをつくる

「振り返り」の有効性については、古くからさまざまな識者から語られているとおりですが、ここでは「小学校学習指導要領解説」の「総則編」や「社会編」の記述を参考にしたいと思います。私なりの解釈でまとまると、次の3点です。

- **学習意欲の向上**
- **学習習慣の定着**
- **資質・能力の育成**

このうち、「学習意欲の向上」と「学習習慣の定着」については、学習成果への自覚、進捗状況の把握、学習の見通しとのかかわりが大きいといえます。また、「資質・能力の育成」については、単元としてのまとまりという学習全体を俯瞰することによって、自分が学んだことを総合的に理解できるようになるという点で、資質・能力のなかでも殊に「主体的に学習に取り組む態度」の育成に寄与していると考えられます。

「思考力・判断力・表現力等」は「知識・技能」を活用することで発揮されるものですが、「主体的に学習に取り組む態度」は、この活用を充実するために必要なものです。逆に言えば、三つの資質・能力がバランスよく育まれるためには、（道徳などの単元をもたない特質がある場合を除き）「単元」というひとまとまりのパッケージを必要とするということなのです。

このように私たち教師は授業づくりを行う際、当たり前のように単元を前提とするわけですが、授業を受けるほうの子どもは違います。教師によるなんらかの手だてがなければ、学習のまとまりとしての単元を意識することはなく、一話完結型のドラマのように、個々の授業を別々のものとして認識します。

ここに私は注目しています。つまり、適切な方法で「振り返り」に取り組めるようにすることによって、次に挙げる認識を子どもがもてるようにしたいのです。

**【学びの連続性】**（どの教科であっても）今日の学習は昨日の学習とつながっている。だから明日の学習ともつながっているはずだ。

**【学びの連関性】**前に行った（違う単元の）学習も、いま行っている学習となんらかのかたちで関係しているかもしれない。

**【学びの応用性】**他の教科で学んだことも、いまの学習に使えるかもしれない。

ただし、右に挙げたことのうち、とくに「学びの応用性」については子どもにとって難易度の高いことだし、教師としても長期的スパンで戦略的に取り組む必要があることだと思います。

そこでここではまず、子どもが「自分の学習を振り返ることは当たり前のことだ」と思えるようにするルーティンづくりについて述べていきたいと思います。

## 1　「振り返り」を通して各時間をつなぐ

第2章で紹介した3年算数「小数」での単元（54頁より）では、子どもたちが毎時間の振り返りを行えるように「振り返りシート」を用意しています。シートを作成するに当たっては、次の点に留意しています。

- 単元の学習を何時間で行うことになっているのかを示す。[13]
- 振り返りを行う際の見出しは、単元を通じて同じものにする。

⑬奈須正裕氏は、2023年1月14日（白百合女子大学）での講演で、「単元全体を何時間で行うことになっているのかをしっかりと子どもに示すことが、子どもに学習の自己調整を促すうえで欠かせない要件となる」と述べている。

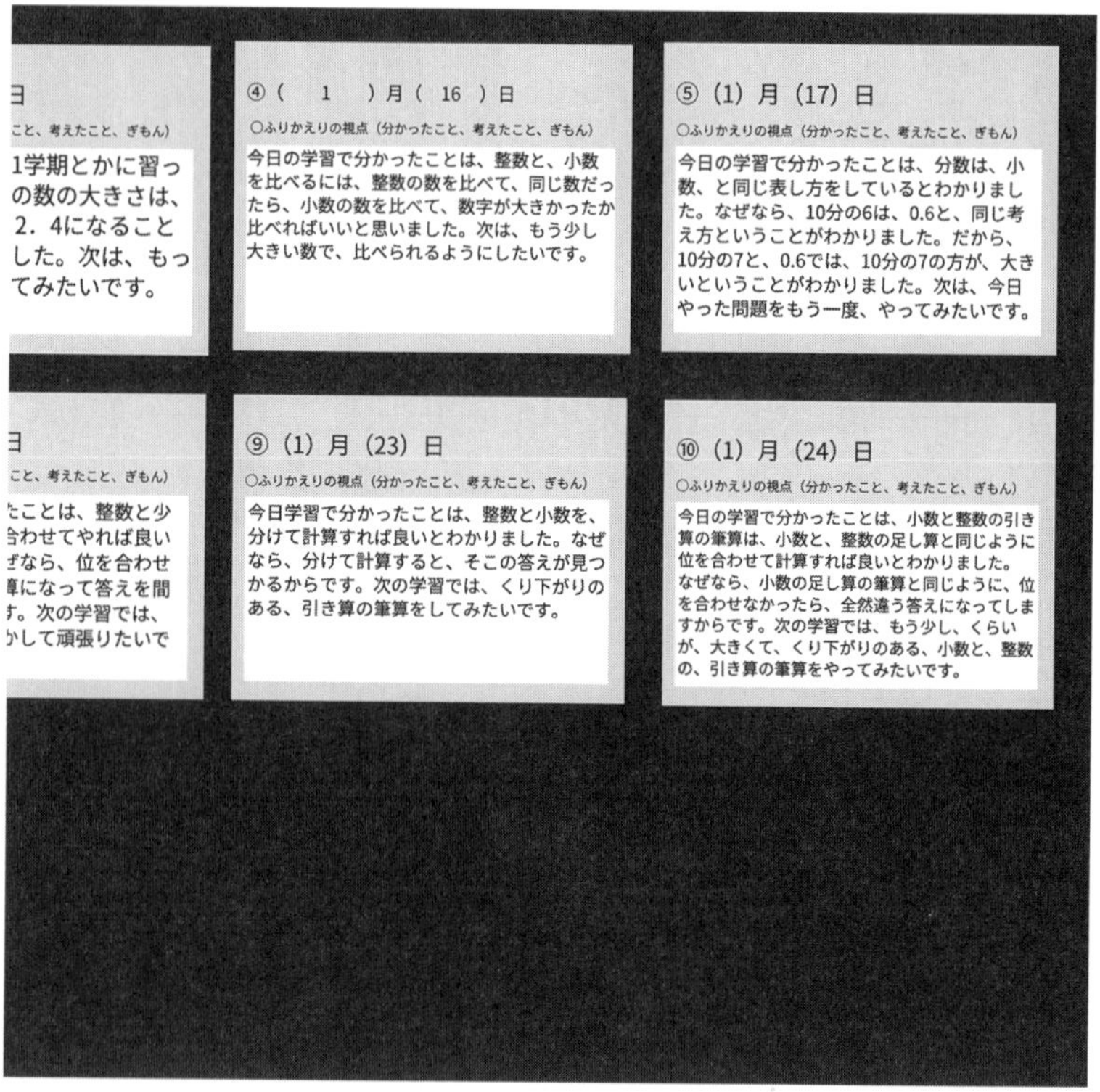
④（　1　）月（　16　）日
○ふりかえりの視点（分かったこと、考えたこと、ぎもん）
今日の学習で分かったことは、整数と、小数を比べるには、整数の数を比べて、同じ数だったら、小数の数を比べて、数字が大きかったか比べればいいと思いました。次は、もう少し大きい数で、比べられるようにしたいです。
⑤（1）月（17）日
○ふりかえりの視点（分かったこと、考えたこと、ぎもん）
今日の学習で分かったことは、分数は、小数、と同じ表し方をしているとわかりました。なぜなら、10分の6は、0.6と、同じ考え方ということがわかりました。だから、10分の7と、0.6では、10分の7の方が、大きいということがわかりました。次は、今日やった問題をもう一度、やってみたいです。
⑨（1）月（23）日
○ふりかえりの視点（分かったこと、考えたこと、ぎもん）
今日学習で分かったことは、整数と小数を、分けて計算すれば良いとわかりました。なぜなら、分けて計算すると、そこの答えが見つかるからです。次の学習では、くり下がりのある、引き算の筆算をしてみたいです。
⑩（1）月（24）日
○ふりかえりの視点（分かったこと、考えたこと、ぎもん）
今日の学習で分かったことは、小数と整数の引き算の筆算は、小数と、整数の足し算と同じように位を合わせて計算すれば良いとわかりました。なぜなら、小数の足し算の筆算と同じように、位を合わせなかったら、全然違う答えになってしますからです。次の学習では、もう少し、くらいが、大きくて、くり下がりのある、小数と、整数の、引き算の筆算をやってみたいです。

● 一覧にすることで、前時までの記述を見ながら本時の振り返りを記述できるようにする。

**資料14**はAくんの振り返りシートです。

⑤「第5時」には次の振り返りを記述しています（第5時は、0.6と10分の7〈小数と分数〉の大きさの比べ方について話し合っています）。

分数は、小数、と同じ表し方をしているとわか

資料14　Aくんの振り返りシート

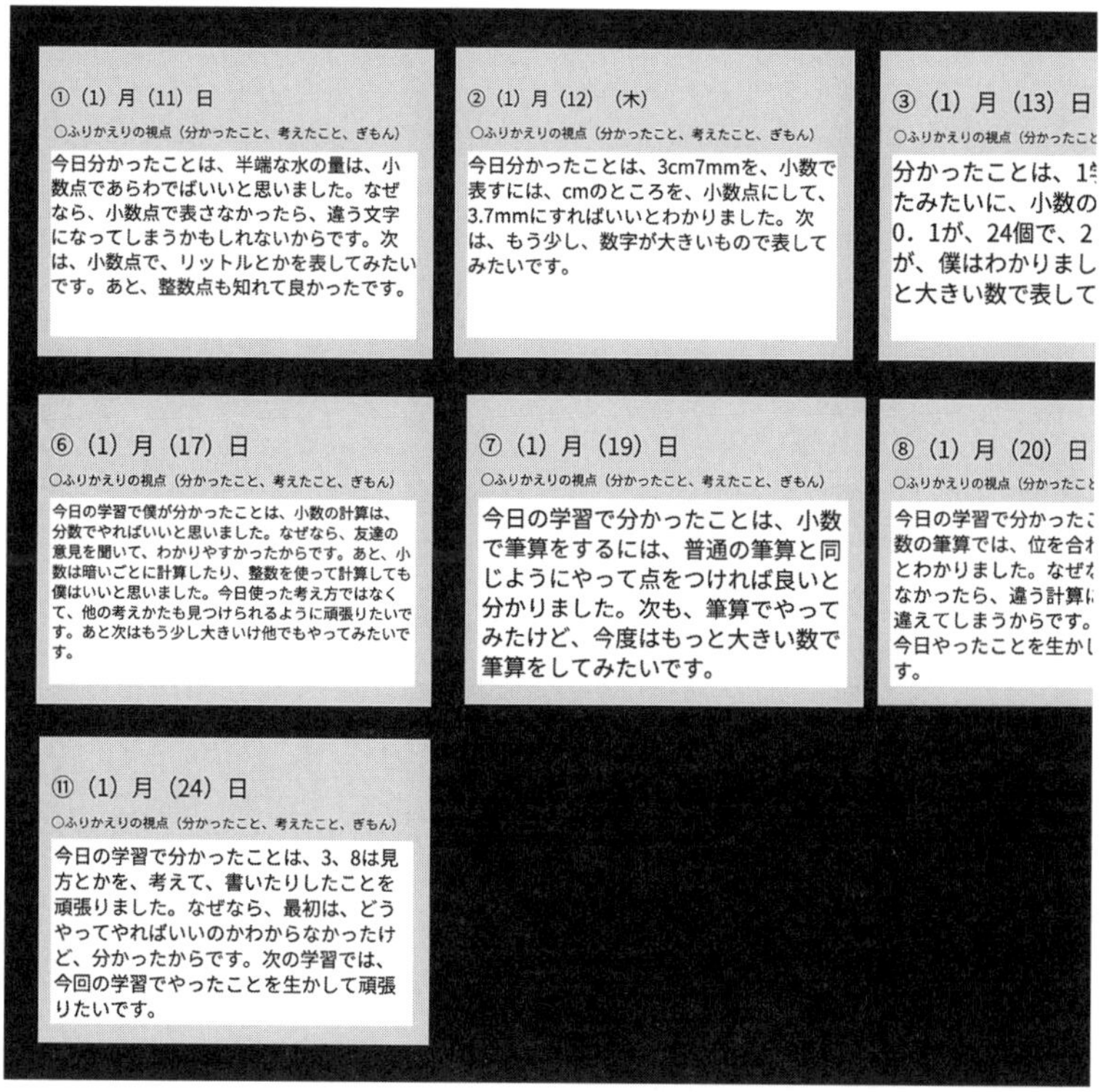
①（1）月（11）日
○ふりかえりの視点（分かったこと、考えたこと、ぎもん）
今日分かったことは、半端な水の量は、小数点であらわでばいいと思いました。なぜなら、小数点で表さなかったら、違う文字になってしまうかもしれないからです。次は、小数点で、リットルとかを表してみたいです。あと、整数点も知れて良かったです。
②（1）月（12）（木）
○ふりかえりの視点（分かったこと、考えたこと、ぎもん）
今日分かったことは、3cm7mmを、小数で表すには、cmのところを、小数点にして、3.7mmにすればいいとわかりました。次は、もう少し、数字が大きいもので表してみたいです。
③（1）月（13）日
⑥（1）月（17）日
○ふりかえりの視点（分かったこと、考えたこと、ぎもん）
今日の学習で僕が分かったことは、小数の計算は、分数でやればいいと思いました。なぜなら、友達の意見を聞いて、わかりやすかったからです。あと、小数は暗いごとに計算したり、整数を使って計算しても僕はいいと思いました。今日使った考え方ではなくて、他の考えかたも見つけられるように頑張りたいです。あと次はもう少し大きいけ他でもやってみたいです。
⑦（1）月（19）日
○ふりかえりの視点（分かったこと、考えたこと、ぎもん）
今日の学習で分かったことは、小数で筆算をするには、普通の筆算と同じようにやって点をつければ良いと分かりました。次も、筆算でやってみたけど、今度はもっと大きい数で筆算をしてみたいです。
⑧（1）月（20）日
⑪（1）月（24）日
○ふりかえりの視点（分かったこと、考えたこと、ぎもん）
今日の学習で分かったことは、3、8は見方とかを、考えて、書いたりしたことを頑張りました。なぜなら、最初は、どうやってやればいいのかわからなかったけど、分かったからです。次の学習では、今回の学習でやったことを生かして頑張りたいです。

りました。10分の6は0.6と、同じ考え方だということがわかりました。だから、10分の7と、0.6では、10分の7の方が、大きいということがわかりました。

つづく第6時（「2.5＋1.3はどのように計算すればよいだろうか」）では、次のように記述しています（授業の冒頭、前時の学習の振返りから学習をはじめています）。

小数の計算は、分数でやればいいと思いました。（中略）あと、小数は位ごとに計算したり、整数を使って（0.1がいくつ分という意味：筆者補足）計算しても僕はいいと思いました。今日使った考え方ではなくて、他の考えかたも見つけられるように頑張りたいです。

この記述から、「小数を知っている形に変えることで比較できる」ことを前時で理解し、それを使って本時の学習に取り組んだことがわかります。加えて、「知っている形に変える」という考え方をもとにして、「位をそろえること」「数を相対的に見ること」に着目している様子もうかがわれます。

この考え方は、その後の学習において次のように生かされていきます。

［第8時：整数と小数の足し算］　整数と小数の筆算では、位を合わせてやれば良いとわかりました。

［第9時：小数―小数］　整数と小数を、分けて計算すれば良いとわかりました。

［第10時：整数―小数］　小数と整数の引き算の筆算は、小数と、整数の足し算と同じように位を合わせて計算すれば良いとわかりました。なぜなら、小数の足し算の筆算と同じように、位を合わせなかったら、全然違う答えになってしまうからです。

これらの記述から、学習を進めるごとに「位」（数の仕組み）に着目して小数の足し算と引き算を整理している様子がうかがえます。つまり、本時の学習を振り返る際、前時までの学習とつなぎながら考えを深めているわけです。また、前学年までに学んできた「整数の計算」との共通性を見いだしている点も特筆されます。既習が概念化され、活用可能な知識になっていることがうかがわれるからです。

このような振り返りにしていけたのは、ひとえにAくんのがんばりによるものですが、子どもの学習履歴を視覚的に一望できるフォーマット（OPPAシート）にしていることも一因だと考えられます。

「前時はどのようなことを自分は理解できたのか」「それをどのような場面に生かしていきたいか（生かしていけそうか）」に対してより自覚的になれれば、子どもは「学習の連続性」と「学習の連関性」を意識できるようになるということです。

（繰り返しになりますが）ＩＣＴを活用した「振り返り」には2つの側面があります。1つは当事者である子どもを含む子どもたちに向けたメッセージです。自分がなにをどのように考えたのかを記録するものであるとともに、クラスメイトがどのように記述しているのかが共有されます。

もう1つは教師に向けたメッセージです。「自分はどのようなことをとらえたのか、自分は次の学習でどのようなことを考えてみたいと思っているのか」を伝えるものであり、教師にとっては子どもの学習状況を評価するうえでも、次の学習を後押しするうえでも有益な資料となります。

**ICT活用によって視覚化された（学習履歴としての）「振り返り」に取り組みつづけていければ、やがて単元や教科を越えて既習を活用するような姿も現れるようになるのではないでしょうか**（「学習の応用性」）。

## 2　学習の進捗状況を振り返り、プロセスを意識できるようにする

**資料15**は、第2章で紹介した3年社会科の単元「市（世田谷区）の様子の移り変わり」で使用したOPPAシートのうち、振り返りの箇所のみを抜粋したもので、フォーマットを作成するに当たっては次の点に留意しています。

- （算数と同様に）単元全体を何時間で行うことになっているのかを示す。
- 振り返りを行う際の見出しは単元を通じて同じものにする[14]（本単元における見出しは「目ひょうはどうでしたか?」と「がんばりたいことやアドバイスをもらいたいこと」としている）。

●振り返りを入力するに当たっては、資料15上段に配置している「学習の目標」と照らし合わせながら行う。

資料15　OPPAシート（振り返りのみ抜粋）

| | |
|---|---|
| ★ | 昔と今のことと、これまで学習したこともつなげて、問いについてまとめている。 |
| ◎ | 昔と今のことをつなげて、問いについてまとめている。 |
| ○ | 問いと関係あって、いつのことなのか見つけられている。 |
| ▲ | 問いと関係なかったり、いつのことなのか見つけられていなかったりしている。 |

みんなで学習（交通）
①（1）月（18）日
○目ひょうはどうでしたか？
◎だと思う。なぜなら大正時代はこうだったけど今はこうなったていうことをかけたから。星になるためにはこれまで学習したこととまとめる。
○がんばりたいことやアドバイスをもらいたいこと
頑張りたいことは、昔と今がどう変わって交通や土地利用のこととつなげて書くのをどう変わってきたのかそれをまとめて書くようにしたい。

自分たちで学習①
②（1）月（19）日
○目ひょうはどうでしたか？
★だと思った。なぜなら昨日やった交通のこととつなげて土地利用のことがまとめられたから。
○がんばりたいことやアドバイスをもらいたいこと
頑張りたいことは、問いについてのまとめでどうしてそうなったのかを詳しく書いて世田谷区になったでそこの言葉を詳しくなって今と昔がどうちがったかをわかるようにしたい。

自分たちで学習②
③（1）月（25）日
○目ひょうはどうでしたか？
◎だと思った。なぜなら昔の街づくりセンターは、やく何個かを書いて今の数と比べられたから。
○がんばりたいことやアドバイスをもらいたいこと
頑張りたいことは、公共しせつをうまくまとめるのができなかったから他の人の意見を聞いて付け足しをしてさらに詳しくしたい。

自分たちで学習③
④（1）月（27）日
○目ひょうはどうでしたか？
◎だとおもった。なぜなら他の人の意見を聞いて昔のことをつなげられたから。
○がんばりたいことやアドバイスをもらいたいこと
頑張りたいことは、道具と生活だから「問いについてのまとめ」で道具がこうだから生活は、こうなっている感じで「問いについてのまとめ」を書きたい。

さらに調べた方がいいこと①
⑤（1）月（30）日
○目ひょうはどうでしたか？
◎だとおもった。なぜなら問いについてのまとめで昔はこうで今はこうなったから便利になって生活も便利になったことをまとめられたから。
○がんばりたいことやアドバイスをもらいたいこと
アドバイスをもらいたいことは、道具のことを代わっていったことをかけたけど生活のことと道具のことをつなげて詳しく書くのをアドバイスをもらいたい。

さらに調べた方がいいこと②
⑥（2）月（3）日
○目ひょうはどうでしたか？
○だと思った。なぜならいつのことなのかを調べて書けたから。
○がんばりたいことやアドバイスをもらいたいこと
頑張りたいことは、次は、まとめるだから全体のことを交通や土地利用のことをつなげながら全体のまとめを書く。

まとめる①
⑦（2）月（8）日
○目ひょうはどうでしたか？
☆だとおもった。なぜなら佐藤さんのことを土地利用と生活でつなげられたから。
○がんばりたいことやアドバイスをもらいたいこと
アドバイスをもらいたいことは、交通と人口をつなげるには、どういうことを繋げれるかをアドバイスをもらいたい。

まとめる②
⑧（2）月（10）日
○世田谷区のいいなと思うこと
世田谷区のいいと思うところは、昔に比べて自然をまた増やそうとしているのがいいと思った。
○これからの世田谷区について思ったことや考えたこと
これからの世田谷区は、緑を増やそうとしているから今より緑が増えると思った。

さらに考えること①
⑨（2）月（15）日
自：区民が住み続けたい世田谷区にするために（　④　）番が大切だと思う。理由は（　2　）こあります。1つ目は災害があると高齢者でも大人、子どもでも災害があると生活が不便になるから便利だったぶんもなくなるからぜいいんに被害があって家が近いと余計暮らしが不便になっていくからです。2つめは、誰もが安心して暮らせるようになって高齢者もそれが不安な人がいるもしれないからそれが災害が強いと安心できて世田谷区に住み続けられて安心できて誰でも暮らせるからです。

さらに考えること②
⑩（2）月（17）日
これからの世田谷区を区民みんなが住み続けたい町にするために、思ったことや考えたこと
これからの世田谷区が区民が住みつずけたい街にするには、街づくりセンターは高齢者、大人、子供でも意見を聞いていているから誰にとっても大切なことを世田谷区の区民から意見を聞いて高齢者、大人、子供のことを相談を受けて誰も不便にならないようにすれば区民が住み続けられると思う。大人が意見を言っても高齢者とか障害がある人が不便にならないようにすればこれからの世田谷区に大切だと思った。あと、緑を増やせば誰でも環境が良くなるから緑を増やせばいいともった。

⑭「まとめる①②」「さらに考えること①②」については社会認識にかかわる振り返りを書くようにしている。

この「学習の目標」は、子どもが振り返りを記述するに当たっての自己評価基準とも言うべきもので、本単元においては次の4つを設定しています（ここで「規準」ではなく、「基準」としているのは、ルーブリック評価から着想を得ているからです）。


【★】昔と今のことと、これまで学習したこともつなげて、問いについてまとめている。

【◎】昔と今のことをつなげて、問いについてまとめている。

【○】問いと関係があって、いつのことなのかを見つけられている。

【▲】問いと関係がなかったり、いつのことなのかを見つけられていなかったりしている。
※「学習の目標」は、子どもと話し合いながら内容や表現を詰めていきますが、どの単元でも4項目としています。

Bさんは、2つの「視点」と4つの「学習の目標」に基づいて、それぞれ次のように振り返りを記述しています（3年生なので、文が拙れている部分があります）。


〈1月18日〉

［目標］◎だと思う。なぜなら大正時代はこうだったけど今はこうなってたということを

かけたから。★（最上位）になるためにはこれまで学習したこととまとめる。

［がんばりたいこと］頑張りたいことは、昔と今がどう変わって交通や土地利用のこととつなげて書くのをどう変わったのか（ということを考えて：筆者補足）それをまとめて書くようにしたい。

〈1月19日〉

［目標］★だと思った。なぜなら昨日やった交通のこととつなげて土地利用のことがまとめられたから。

［がんばりたいこと］頑張りたいことは、問いについてのまとめでどうしてそうなったのかを詳しく書いて世田谷区になった（ことを書けるようにしたいの：筆者補足）でそこの言葉を詳しくなって、今と昔がどうちがったのかをわかるようにしたい。

〈1月25日〉

［目標］◎だと思った。なぜなら昔の街づくりセンター（公共施設：筆者補足）は、やく何個かを書いて今の数と比べられたから。

［がんばりたいこと］頑張りたいことは、公共しせつをうまくまとめるのができなかった

から他の人の意見を聞いて付け足しをしてさらに詳しくしたい。

〈1月27日〉

[目標] ◎だとおもった。なぜなら他の人の意見を聞いて昔のことをつなげられたから。

[がんばりたいこと] 頑張りたいことは、道具と生活だから「問いについてのまとめ」で道具がこうだから生活は、こうなっている感じで「問いについてのまとめ」を書きたい。

これらの記述から、Bさんは振り返りを記述する際、「学習の目標」と「問いについてのまとめ」とを照らし合わせながら自分の学習成果を測っていることや、次の時間では社会的事象同士の関連について考えようとしていることがわかります。

また、Bさんは、「土地利用は、どのようにかかわってきたのだろうか」という視点に対する「問いについてのまとめ」を次のように記述しています。

〈1月19日〉

昔の土地利用は、畑に多く使われていいてだけど鉄道ができて農家が減ったことで今は、畑がなくなってだけどまた緑を増やそうとして今は便利な世田谷区になった。

子どもたちには既習とのつながりを見いだしてほしいという思いから、あらかじめ資料のなかに「交通」に関する記述を盛り込んでおいたのですが、Bさんはその点に気づき、土地利用と交通とを関連づけてまとめていることがわかります。

その後、1月25日の学習の振り返り（がんばりたいこと）では、「公共しせつをうまくまとめるのができなかったから他の人の意見を聞いて付け足しをしてさらに詳しくしたい」と記述し、その次の時間（1月27日）には「他の人の意見を聞いて昔のことをつなげられたから」と記述しており、自分の学習成果に手応えを感じています。これは、自身の学習方法をどう改善すればよいかを検討するとともに、成功要因を自分なりに分析している姿だと考えることができるでしょう。

こうしたことから、たとえ3年生であっても、振り返りを通して自分の学習過程や学習方法を見直しながら学習を進めていければ、社会的事象の特色や意味理解に迫っていくことを示しているように思います。

振り返りにおいて私が行ってきた手だては、およそ次の2つです。

●ＯＰＰＡシートの要素や配置を工夫し、「学び方」「考え方」「まとめ方」について繰り返し考えられるようにしてきたこと。

●どの単元においても変わらない学習活動の進め方を徹底したこと。

前者については、内容に関する理解もさることながら、「自分は本時でどんな『学び方』（または『考え方』『まとめ方』）で学習したか、それは次の学習を進めていくうえでも適切か」「改善すべきことがあるとすればそれはなにか」について、繰り返し考えられるようにすることを重視しています。そうすることで、自分の学習プロセスを俯瞰的にとらえる目を養えると考えているからです。

後者については、どの教科・どの単元の学習であっても、「自分がどのように学習を進めていけばよいか、見通しをもって行えるようになる」と考えて取り入れたことです。

加えて、単元の途中でなにかうまくいかない状況がつづき、自分の学習が遅れてしまっても、（教師やクラスメイトの手を借りながら）最終的には自分の立てた学習計画どおりに学習を終えられるようにする（学習の進捗をコントロールできるようにする）ことも併せてねらっていました。

そして、最終的には「振り返りのルーティン」が子どもたちの学習活動に根づくことを企図していたわけです。

「ルーティン」といった言葉を使うと、「結局は、教師がつくったレールに子どもを乗せるだけにしてしまうのではないのか」、あるいは「振り返りをただの作業にしてしまい、決まり文句を機械的に記述させてしまうのではないか」などと思われる方もいるかもしれません。

それに対して私が重視しているのは、振り返りのなにをルーティンにするかです。振り返りそのものをルーティン化するだけなら、「授業の最後には必ず振り返りの時間を設定しますね」と伝えるだけで事足ります。しかし、ここまで語ってきたように、私はそのようにはしていません。

私が子どもたちの振り返りに求めていることを一言でまとめるとすれば、子どもが「学習を自己調整するスキル」を身につけ、具体の活動場面でいかんなく発揮できるようにすることです。そのためのICT活用であり、OPPAシートであり、「問いについてのまとめ」を書けるようにする「視点」であり、自己評価基準としての「学習の目標」なのです。

これらはいずれも、子どもたち一人一人が「自分はなぜ自分の学習を振り返るのか。そこにはどんな意味や意義があるのか」といった「振り返り」に対する必要感を醸成するための仕掛けなのです。この必要感さえあれば、振り返りという行為のルーティンにしないで済むでしょう。のみならず、子どもの学びをよりいっそう豊かなものにしていけると私は確信しています。

## 集団としての学び方を共有できるようにする

ここまで、子どもが自ら学習を進めていけるようにすることによって、どのような姿が現れるのか、そのためにどのような教師の手だてが必要なのかについて述べてきました。また、子どもたちの振り返りから、自分の力で学習の責任を果たす姿についても触れてきました。それともう一つ、加えておきたいのがクラスメイトとのかかわりです。

第1章においても、「相互調整学習」の可能性について触れました。第2章においても、子どもがクラスメイトと意見を交流することで自分の考えを補強したり、新たな着想を得たりする様子を取り上げてきました。

これらはとりもなおさず、学習というものは自分を含む集団とのかかわりがあってはじめて充実していくものだということを物語っているように思います。そこでここでは、集団との相互作用がもたらす学びの可能性について述べていきたいと思います。

新藤久典氏（全日本中学校長会会長／東京都新宿区立西戸山中学校長）は、インタビューのなかで次のように語っています。

「共に学びに向かう集団」をつくり上げ、「もっと勉強が分かるようになりたい」という気持ちを育むこと。生徒一人ひとりを丁寧に見て、それぞれに合った支援をすることが、生徒を学力面でも精神面でも大きく成長させます。⑮

これは、（同インタビューのポイントにも挙げられていた）「学力下位層の生徒だけでなく、すべての生徒を見て、クラス・学年・学校全体を『学びに向かう集団』にする」、それでいて「生徒は『群』でなく『個』と捉えて対応してこそ効果がある」という言葉によく表れていますが、**「集団としての質が、個の学力の向上に大きく影響を与える」ことを示唆している**ものだと思われます。

学習そのものは一人きりでも行うことができます。「独学こそが唯一の教育である」などと言う方もいるくらいですから、そうしたすばらしさはたしかにあるのだと思います。しかし、こうした考えが子どもたちの学びにも単純に当てはまるかについては懐疑的で

⑮『VIEW21』（中学版）２０１０年度Ｖｏｌ．１「共に学びに向かう集団づくりで学力下位層の生徒を引き上げる」ベネッセ教育総合研究所　https://berd.benesse.jp/up_images/magazine/02toku_0215.pdf

す。なぜなら子どもたちは、生きていくために必要となる素地を身につける段階にあるからです。

一人きりの学び（個別最適な学び）では足らないのです。他者との学び合い（協働的な学び）がどうしても必要です。そのための集団の質です。**学ぶことに価値を見いだせる集団（学級）となっているか、お互いをリスペクトし合える関係性があるかが、子ども一人一人の学びを大きく左右する**のです。

このことは、教科の学習のみにとどまるものではありません。

学習指導要領は特別活動の「一人一人のキャリア形成と自己実現」の規定のなかで次のように指摘しています（60頁）。

> 学級や学校での生活づくりに主体的に関わり、自己を生かそうとするとともに、希望や目標をもち、その実現に向けて日常の生活をよりよくしようとすること。

この記述を受けるかたちで、私たち教師は「学級目標」を重視し、子どもたちが「これからの学習への取組み方や生活の仕方などについて意思決定」できるように努めています。

加えて、「小学校学習指導要領解説 特別活動編」（以下、「解説特活編」という）は、中学年の子どもたちの発達特性を踏まえて次のように示しています（29頁）。

中学年においては、（中略）様々な集団活動や体験的な活動を通して、互いを尊重し、協力し合って学級の生活づくりに主体的に参画するようにするとともに、日常の生活や学習について、めあてや目標をもち、意欲的に取り組み、振り返り、改善するように指導することも大切である。

※高学年については「日常の生活や学習について、適切なめあてや目標を立て、自主的に取り組み、振り返り、改善することができるように指導することも大切である」としています。

こうした記述からも、学級という集団生活を通して自分たちがめざす方向性を確かめ合い、集団として改善を図ろうとする活動を重視していることがわかります。

ここまでのことを踏まえ、私は、集団としての自己調整には次の3つが大切であると考えています。

●**集団としての学びの方向性を共有すること**（どのような「学び方」や「学びを達成した姿」が望まし

いのかを、一人一人がとらえられること）

●互いの個性を認め受け入れられること（学級が集団としてよりよくなるためには、一人一人のアイデアが生かされ、それが柔軟に運用される必要がある。そのためには、互いの個性を認め受け入れられる学級の空気感がきわめて重要）

●「構造的な学び」を経験すること（どの子も学習の仕組みを理解し、見通しをもてるようになること）

一口に学習の仕方といっても、厳密にとらえようとすれば教科や単元のもつ特性によってもさまざまだと思います。しかしここでは、あえてシンプルに考えたいと思います。すなわち、「（どの教科等・単元であっても）子どもにとって必要な学習の仕方とは、情報を集め、思考することだ」という考え方です。

こうした認識が、子どもたちのなかに浸透していくうちに、その子なりに自分らしい学び方とはなにかを考えながら、学習を自己調整していこうとする態度が身についていきます。こうしたことを踏まえ、ここでは「学級目標」と「学習構成」という切り口から、集団としての自己調整を促す手だてについて述べていきたいと思います。

## 1　学級目標の設定とその実現の場

直近の2年間、私が受けもつ学級（3年、4年）では、それぞれ次の学級目標が立てられました。

**【3年1組】助け合える3年1組**
**【4年1組】勇気でチャレンジ4－1**

学級開きの際にはどの学年においてもまず、教師である私の願いを子どもたちに伝えています。その後、学級生活を送るなかで互いのことが少しずつ見えてきて、子どものなかで「こんな学級であってほしい」（あるいは逆に、「こんな学級であってほしくない」）といった思いが芽生えてきたころあいを見計らい、学級目標を考える学級会を開きます。

## ①　3年1組の学級目標

学級開きの日、担任としての自己紹介を行った後、私は次のように話をしました。

3年生を受けもつほかの学級の先生と話し合って、みなさんが「レベルアップ‼『すごいよ』3年生！」だと思えるような1年にしたいという思いをもちました。この言葉には、次の3つの期待が込められています。『しっかりと考えて動けるようになること』

「みんなとなかよくチャレンジできるようになること」「みんなから『すごい』と言ってもらえる子どもたちになること」の3つです。

その後、学級目標について話し合ったのは、5月の連休明けの学級会です（そのときに子どもが板書したのが**資料16**）。

なかには、「うめらいす」といったキーワード（話の聞き方のキャッチフレーズ、「ささっとできる」など）なども見られますが、話し合いを通じて「たすけ合いができる3年1組」に決まっていきました（この後、言葉の響きを整え、最終的には「助け合える3年1組」になります）。

**資料16　子どもの板書**

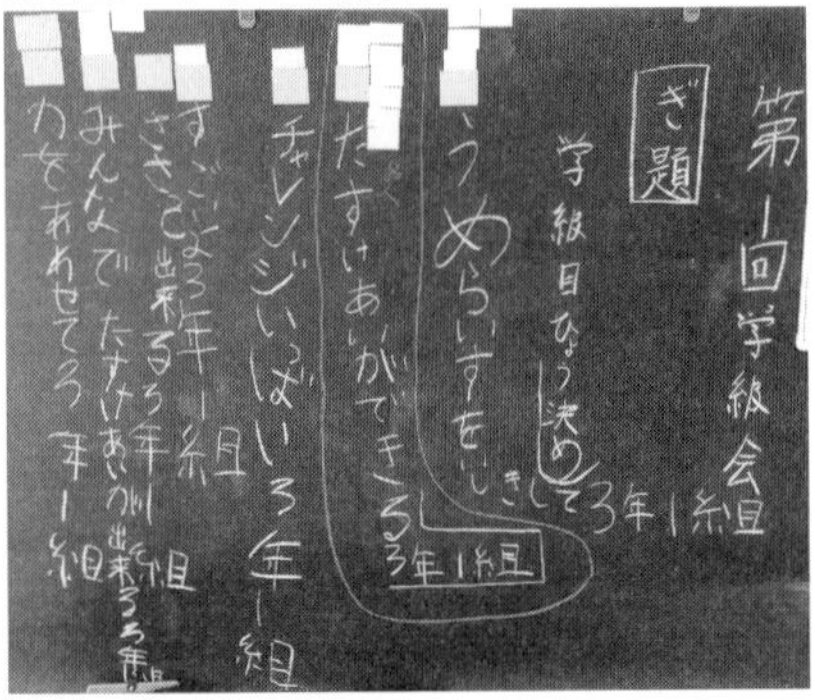


この学級目標には、「学級全体で互いを支え合える集団にしたい」「困っている人にみんなで協力できる人たちになりたい」という子どもたちの思いがよく表れているように思います。加えて、「しっかりと考えて動く」「みんなとなかよく」という意味も含まれていると感じます。

## ②　４年１組の学級目標

３年生からのもち上がりということもあったので、学級開きのときには、（私の自己紹介はササッと終わらせ）前の年に子どもたちがどう成長したのかを伝えました。私がこのときにまず価値づけたのは「自分たちで相談して進められるようになった姿」です。教師である私の手を離れ、自分たちの手で学級の雰囲気をつくっていたこと、自分たちの発想を生かして豊かに学んでいたことを挙げました。

次に話をしたのが、「昨日の自分よりも０・１歩でも成長すること」です。（自分一人のがんばりも大切なことですが）クラスメイトとのかかわりを通して自分を成長させることがどれだけすばらしいことかについて語りました。

しかし４年生の子どもにとって、それがどれだけ難易度が高いことかもわかっていました。しかも、たいへん勇気が必要であることも。

中学年の発達段階を考えれば、まずは自分軸で周囲とどのようにかかわればよいかについて考えさせるのが自然だと思います。しかし、私はあえてクラスメイトとのかかわり軸で自分の成長について考えてもらいたかったのです。そのためにも、これまであまり話をしたことのないクラスメイトとも勇気を出してかかわってほしいと伝えました。

最後に伝えたことは、「クラスのみんなのためになるアイデア」をたくさん考えて、一つでも多く実行してほしいということでした。3年生のときも、そのように行動していた子もいましたが、それを学級全体に広げ、「相手意識のもとでこれまで自分がしたことのないことにチャレンジする」ことを求めたのです。

学級目標について話し合う学級会は、クラス替えがなかった学級だったこともあり、4月の第3週目に行っています。

**資料17**は、そのときの子どもの書いた板書です。昨年は「規律」にかかわる言葉が多かったのに対して、「協力」「みんな」といった集団を意識したアイデアや、「勇気」「チャレンジ」といった言葉が多く出されています。

**資料17　子どもの板書**

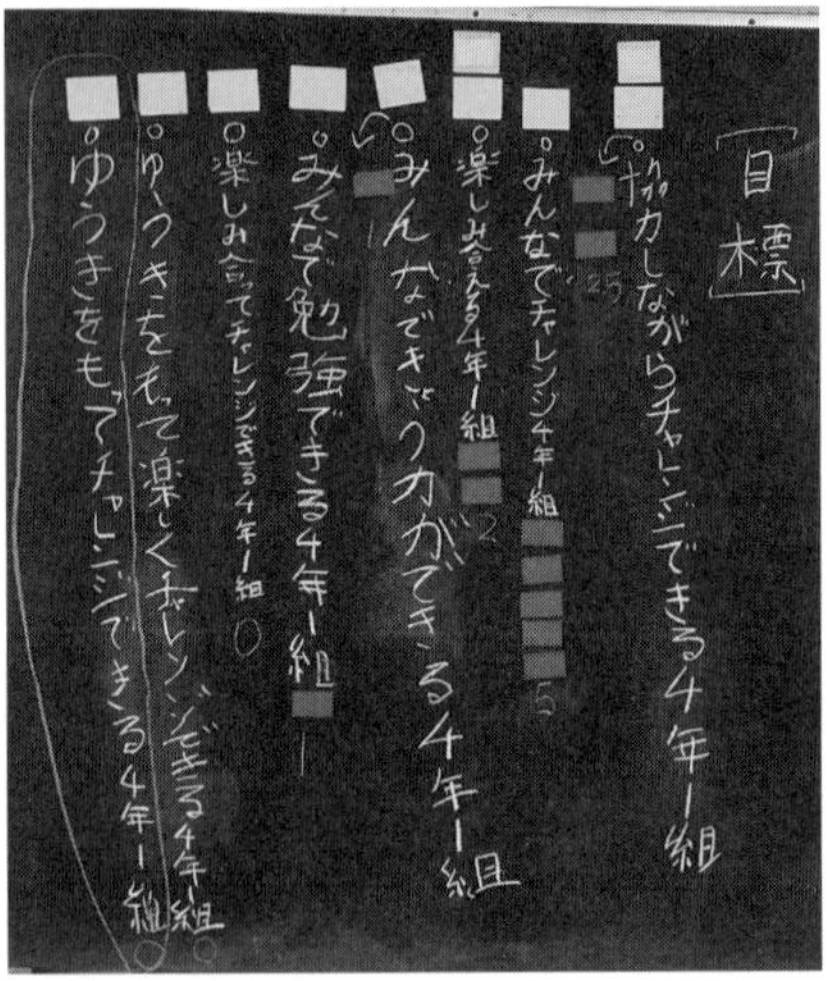


こうした言葉は、学級開きの際に私が伝えたことではありますが、子どもたちのほうは「先生が言っていたから」という感じではありませんでした。というのは、私がした話をすっかり忘れてしまっている子も多かったからです。

子どものほうにしてみれば、「全部自分たちが考えたことだ」といったふうでした。（これは以前出した書籍でも語ったことですが）ある心理学の知見によると、「人は、自分が手にした成功が、誰かの助言によるものだったとしても、実行したときのアイデアは自分が思いついたものだと感じる」のだそうです（拙著『黒子先生の見えざる指導力』東洋館出版社、2020年）。このときの子どもたちも、おそらくそんな感じだったのでしょう。

子どもたちによる話し合いの具体は、**資料18**のとおりです。「協力することの価値」や「個性を尊重すること」に着目して学級としての

**資料18　子どもたちの話し合い**

C1：楽しみあえるがいいと思います。
C2：みんなでチャレンジ
C3：協力しながらチャレンジ4年1くみ。学年の目標でもあるから。
C4：みんなでチャレンジ4年1組。みんなで協力できればクラスで成長できるから。
C5：みんなでチャレンジ4年1組。成長できると思うから。

R：今、この3つが意見が集まっていますが、それ以外もありますか？
C6：みんなで協力ができる4年1組。「みんなで」が入っているとみんなで成長できるから。
C7：みんなで勉強できる4年1組。まず学校にきて1番大切なことは、勉強だからです。
C8：そのために協力するんだよ。
C9：みんなでチャレンジ4年1組。チャレンジは4年生のテーマみたいだし、クラスのみんなみたいな言葉が入っていていいと思ったからです。
C10：協力しながらチャレンジ4年1組がいいと思います。ちょっと恥ずかしくても自分でできると思うものは協力しながらできたらいいと思います。
C11：みんなでチャレンジ4年1組。チャレンジはテーマだから。
C12：自分が言ったことなんですけど、元気に遊ぶと集中力がつくので。

R：みんなでチャレンジ4年1組でいいですか。納得いかない人はいますか？
C9：いいんですけど、チャレンジは学年のテーマなので、みんなでとチャレンジの間に、言葉を入れた方がいいと思うんですけど、
C1・C6：楽しくみんなで、とか？
C13：どっちかというと、C10さんの案みたいな感じが。
R：じゃあ、みんなでまとめると
C6：みんなで勇気？協力しながら、みんなで楽しくチャレンジ1組？
C14：勇気を持ってチャレンジできる4年1組は？

R：意義ある人いる？
一同：意義なーし。

方向性を決めようとしている様子がうかがえます。その結果、「勇気をもってチャレンジできる4年1組」に決まります（この後、言葉の響きを整え、最終的には「勇気でチャレンジ4ー1！」になります）。

このようにして、勇気をもってチャレンジすることを通してよりよい集団にしていこうとする学級目標となったわけですが、（言うまでもなく）掲げたからといって実現するわけではありません。

ここにも、「自分たちは勇気を出しているか」「よりよい集団になっているか」を自己評価（または相互評価）し、「そうできていないのだとしたら、次にどうすべきか」を考えて自己調整を図っていかなければなりません。こうした機会や環境を整えるのが教師に必要なミッションであり、[16]それを支えるのが「学習構成」です。

## 2　学習構成をシンプルにする

子どもたちがつくった学級目標を絵に描いた餅にしないようにするには、「自分たちで決めて動く」「よりよくかかわる」「一人一人の発想を生かす」ことが欠かせませんが、授業において実現できないものかと考えて取り入れたのが、第2章で紹介した学級会スタイルの授業です。

といっても、すぐにうまくいったわけではありません。実をいうと、もう何年も前からチャレンジしていたのですが、そのたびに失敗を繰り返していました。子どもたちの様子をつぶさに観察し、〝この子たちならば、きっとできるはずだ〟と思って取り組んでみるものの（子どもたちのほうもおもしろがってくれるものの）、いざ実行に移すとグダグダになって、「活動あって学びなし」どころか「活動さえもなし」といったカオスな授業になってしまっていたのです。

どうすればうまくいくのか、なかなか見いだせずにいたのですが、いざ気づいてみると〝なんだ、そんなことでよかったのか…〟と拍子抜けするくらいでした。

端的に言うと、「学習構成をシンプルにすればいい」ということなのですが、ポイントは次の4つ。

- 「導入」「展開」「終末」の流れを伝えておく。
- 学習の方向性を「問い」で示す（あらかじめ「問い」の設定方法を指導しておく）。
- 学習活動への「指示」を軸として授業を進行する（「発問」は考慮しない）。

⑯本項では「授業」に重点を置いて述べるが、「係活動」や「当番活動」といった特別活動も重要な位置を占める。

### ●「まとめ」「振り返り」の方法を指導しておく。

このポイントを踏まえ、子どもが授業を進めるための台本（**資料19**）をつくり、子どもたちに渡して試したところ、授業としても学習としてもあっさり成立したのです。

ご覧のとおりこの台本には大まかな流れしか書かれていません。これは、子どもたちの裁量で柔軟に書き替えたり、追記したりできるようにするためです。

もし仮に、教師のほうが先回りして（いわば教師心から）、「やるべきこと」「そのための手順」「注意事項」などを細かく書き込んでしまえば、子どもが自己調整する余地を奪ってしまうでしょう。のみならず、ただただたいへんで、窮屈で、役に立たない台本となってしまうだけです。

そもそも、子どもは遊びの天才です。自分たちがおもしろいと思えることは拡張し、だれもがたのしめるように遊びを変化させていきます（「そもそもそんな遊びだったっけ？」と思うくらい原形をとどめていないこともあります）。これこそまさに、遊びのルールを相互調整する姿だと言っていいと思います。そこで

**資料19　学級会スタイルの授業を進める台本**

0　振り返り
※前の時間のめあて（1人）
※振り返り（3人）
※学習計画のかくにん（1人）

1　今日のめあてをつくる

2　自分の考えを書く
※学び合い

3　話し合い

4　振り返り

まずは、こうした子どもたちのもつ力を信じることがスタートラインになると思います。

ただそうは言っても、台本さえ用意すれば学級会スタイルの授業を行えるようになるわけではありません。次に挙げる日々の積み重ねが必要です。

「今日のめあて（本時の問い）」については、普段の授業から『？』（ハテナ）の形でつくりましょう」「答えだけ出すような問いにはしないようにしましょう」などと働きかけを行いながら、「問い」をつくることに慣れるトレーニングを積んでいきます。

時間的な学習の区切り方についても同様です。「何時くらいから話し合いをすることにしますか」「振り返りは何時からにしましょうか」と問いかけ、子どもたちと相談しながら決めるという積み重ねがあります。子どもたちのほうもだんだんと、「何時になったら次のことをするのか」を考えるようになっていきます。

このような取組の積み重ねが、「問いの立て方」「見通しのもち方」「クラスメイトとのかかわり方」「考えの深め方」を知り、自分たちで授業を進めるために必要な土台を形成していきます。

また、学習構成がシンプルでパターン化してくると、次にどんな学習を行うことになるのか、どの子もイメージできるようになります。これは、単に見通しがもてるというだけではありません。**集団としての相互調整を行えるようになると、**（これがとてもおもしろいのですが）自分の持ち味を発揮できる出番を自ら設定しはじめるのです。

たとえばAくんは、「今日のめあて（問い）」を決める場面になると頻繁に手を挙げて発言するようになった子です。〝自分がアイディアを出すことで話し合いが活発化するのはこの場面だ〟などと意識しているかのようです（使命感に近いものを感じることがあります）。周囲の子どもたちも、〝おっ、Aくんの出番だな。今度はどんなアイディアを出してくれるのだろう〟と興味津々です。

ほかにも、話し合いの場面でクラスメイトが思いがけない発言をすると、その考えを深掘りするような質問を行うようになったBさんもいます。またCさんは、まとめの場面になると、クラスメイトの考えを整理するような発言をするようになりました（それまではほとんど挙手しなかった子です）。

みんなの学習を引っ張っていくような行動だけではありません。「個別追究」で困っている子に対してそっと助け船を出す子など、目立たないところで自分のできることをしようとする子も現れました。こうしたことを挙げると、枚挙に暇がないくらいです。

また、学習リーダー（教師役の子ども。学級会での司会役のようなもの）ももち回りにしています（「どの子にもやってもらうこと」を最初に宣言しておきます）。最初のうちは進行が上手な子に担ってもらいながら学級会スタイルの授業に慣れ、進行方法を学んでもらいます。

そんなふうにしていると、学習の「指示」をうまく出せない学習リーダーがいても、クラスメイトがフォローしてくれるようになります。これは、全員で学習の進め方を共有できていればこそです。

＊

私たち教師はこれまで、本時のねらいを実現するために、子どもの発言を促したり、理解を深めたりする働きかけに腐心してきました。そのために行ってきたのが発問です。発問はいわば、学習全体の流れをコントロールする主要なメソッドの一つです。

それとは対照的に、学級会スタイルの授業には発問がありません。いくら優秀な子どもであってもクラスメイトの学習をコントロールすることは不可能だからです（ここに、私の失敗原因があります。要するに、そもそも不可能なことを子どもに求めていたわけで赤面の至りです）。しかし発問がなくてもこのように、子どもは自分たちの力で授業を進めていくことができるのです。

第2章でも述べていますが、傍目には子ども同士のやりとりが予定調和に見えても、活動が作業のように見えても、本時でめざす学習の理解に届いていればよいと考えています。こうした、ある種の開き直りにも似た境地に達して教師が脇役に回り、必要なお膳立てをすれば学級会スタイルの授業を行えることがわかったわけです。

## 3　学級目標に紐づける教師の価値づけ

私は朝の会などに2分程度のミニプレゼンをしています。資料20は5月31日のミニプレゼンで、この日は5枚構成にしています。

2枚目は、子どもたちが学び合う姿、進んでかかわろうとする姿を価値づけているものです。3枚目は、「リーダーシップ」と「フォロワーシップ」についてまとめたものです。

「自分たちで決めて動く」「よりよくかかわる」「一人一人の発想を生かす」といった学級

資料20　ミニプレゼン

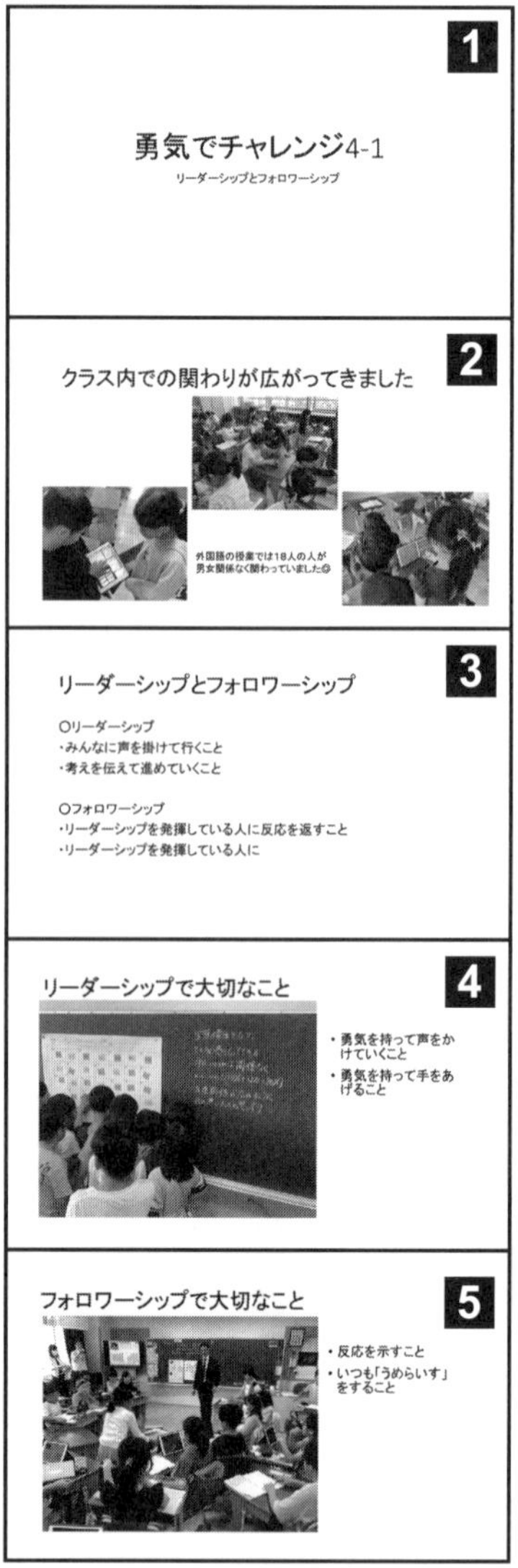

目標に紐づく考え方を伝えることを意図しています。4・5枚目は、子どもの活動が「リーダーシップ」と「フォロワーシップ」によって支えられている様子を価値づけるものです。

　このなかでも、私が最も重視しているのが、学級目標を中央に据えた1枚目の「表紙」です。「子どもたちにはどんなときにも学級目標を意識していてほしい」「教師としての自分自身も学級目標を意識して子どもたちの姿を見取り、そのよさを伝えていきたい」という思いからそうしています。

　このように、学級目標を実現するための考え方や方法を言語化するとともに、学級目標に向かって成長している子どもの様子を伝えることを通じて、子ども一人一人が集団のなかでのあり方を具体的にイメージできるようにすることを意図しているのです。これはひとえに「自分たちは成長している」という手応えを子どもたちが感じられるようにするための働きかけです。

　では、なぜここまでしているかというと、教師がよほど注意深く自分の言動に気を配り、丁寧に働きかけを行っていないと、教師自らが学級目標を絵に描いた餅にしてしまうからです。

　たとえば「自分たちで決めて動く」としていながら、必要以上に事細かに教師が指示を出しているのだとしたら？　子どもたちは自分たちで決めて動きようがありません。

「よりよくかかわる」としていながら、じっと椅子に座って教師の話を聞いているだけの授業だとしたら？　言うまでも、かかわりようがありません。

「一人一人の発想を生かす」としていながら、教師が自分の立てた計画に固執してしまっているのだとしたら？　発想を生かすどころか、自分の考えを口に出すことすら躊躇してしまうでしょう。

学級目標は、子ども一人一人が自立的・自律的に行動に起こせるようになってはじめて実現されます。その大前提となるのが、どのような活動にも子どもの「意志」が介在されることであり、自分たちの行動を調整できるようになることです。

そうでない限り、どのような活動もやがては他人事になります。「いつかだれかがやってくれるだろう」「なにもしていなくても、なんとかなるだろう」というフリーライドする空気が教室に蔓延し、最悪な場合には主体的な子どもであっても、やがてその空気に飲み込まれてしまうでしょう。

どの子も、自分の力で動かせるハンドルが存在していることを知り、自分の意志を信じて握りしめ、勇気を出して操作し、自分自身の行動への責任を果たせるようになったとき、最も望ましいかたちで学級目標は実現され、子どもたちは本物の達成感や自己効力感を味わうことができるようになるのです。

# 自己評価と相互評価によって学習改善の糸口をつかむ

　ここでは、第2章で紹介した4年社会科「水はどこから（飲料水の供給）」と書写の事例に基づきながら、子どもが自己評価を行えるようにする手だてについて述べていきたいと思いますが、その前に、子どもが適切に自己評価するために必要となる要素を挙げておきたいと思います。それは、自己評価を行う「目的」、評価材料となる「事実」、実際に評価するための「基準」であり、具体的には次のとおりです。

**【目的】**　単元を通して「自分はどのようなことをがんばれたか」「自分はどのような点で成果があったのか」を自分自身で確かめる（加えて、教師に伝えたいことも「目的」に含まれる）。

**【事実】**　子ども自身が記述してきたOPPAシート（1枚ポートフォリオ）の内容は、隅々まで自分の言葉で書かれている。

**【基準】**　教師が一方的に提示するのではなく、子どもと確認しながらつくる基準である。「学習の目標」がこれに当たる。

資料21　学習の目標

| | |
|---|---|
| ★ | ◎＋前までの学習も使ってまとめている。 |
| ◎ | 水源林、ダム、浄水場のことをつなげて問いについてまとめている。 |
| ○ | 問いと関係していて、正しく書けている。 |
| ▲ | 問いと関係なかったり、書く所をまちがったりしている。 |

## 1　自己評価基準のもとで学習改善を図る（社会「水はどこから」）

社会科授業では、単元の導入部（学習問題を設定し、学習計画を立てた後）で、子どもたちと「学習の目標」をつくっています[17]（資料21）。

「学習の目標」は4段階で構成するものであり、「▲は不合格レベル」で、「○→◎→★」となるにつれて学習を高度に達成できている状態を表します。この目標の中身は、おおむね子どもとの話し合いを通じて決めていきます。

ただし、「▲（不合格レベル）」の基準については教師が設定します。これは学習の最低保証のようなもので、それを下回らないようにするためです（「水はどこから」では「問いと関係なかったり、書く所をまちがったりしている」としています）。この基準をもとにして話し合い、1段階上の「○（合格レベル）」の基準をつくります。

「◎（Aレベル）」の基準をつくる際には、教師としてあらかじめ単元終末の子どもの姿をイメージしておきます。「水はどこから（飲料水の供給）」では、「水源林・ダム・浄水場のそれぞれの（人々の）働きがつながり合うことで、きれいな飲料水が安定的に私たちの基に送られてくることをとらえられている姿」をイメージしていました。

こうした姿を子どもに伝えたうえで、これまでの学習経験も振り返りながら「つなげて考える」ことの価値を確認しつつ、「◎」の基準をつくっています（「単元目標」の実現という観点から考えれば『○』で十分。「おおむね満足できる状況（B）」の条件を満たすレベルです）。

最上位の「★（Sレベル）」は発展的で高度な理解を必要とする基準ではありますが、けっして当該学年で学ぶ内容（学習指導要領の規定）を越えるものでもなければ、多種多様な知識に広げていくようなものではありません（「水はどこから」の単元であれば、「水」に代替して「電気」や「ガス」にしてもいい旨の記述が「解説社会編」にありますが、上述の「多種多様な知識」とは「水」だけでなく「電気」や「ガス」についても調べまとめるという意味ではないということです）。

端的に言えば、「★（Sレベル）」は「既習を活用しているか」といった基準です。[18] この基準をあえて最上位に位置づけているのには、次に挙げる2つの理由があります。

---

⑰子どもたちと「学習の目標」をつくるといっても、単元として達成すべき「単元目標」と「内容」を明確に意識して指導性を発揮する必要がある。加えて、「◎」や「★」レベルを設定するためには、教材研究に基づく内容理解が欠かせない。裏を返せば、「社会的事象はどのように結びつくのか」「他の単元との結びつきはどうなっているのか」などを念頭に置いておかないと、子どもの自己評価を迷走させてしまうことにつながる。

⑱3年生の段階から、子どもたちは「既習活用」に取り組んできた。そうした積み上げがあるからこそ、「★」を基準として設定できている。

●既習を活用できれば単元間のつながりに気づき、相互の共通点や相違点をもとにして抽象度が高く応用可能な概念的な知識を獲得できる。
●これまでに学んできたことにどのような価値があるのかに気づき、それらを活用しようとするインセンティブになる。

※既習活用について詳しくは、拙著『社会科が得意な先生・子どもも、苦手な先生・子どもも、授業がおもしろくてたまらなくなる本』（東洋館出版社、2022年）を参照

「学習の目標」は子どもにとって自己評価基準であるだけでなく、チャレンジングな到達目標ともなるものです。そのため、〝がんばれば自分の目標を実現できそうだ〟と思えるようにしていくことが肝要です。

「水はどこから」の単元においても、これらの目標実現をめざして学習を進め、OPPAシート（1枚ポートフォリオ）にまとめています[19]。単元の学習が終わった後には、単元全体を振り返る時間を設定し、次に挙げる様式に則って記述するようにします（**資料22**）。

①　「学習の目標」（自己評価基準）を確認する。
②　自分のOPPAシート（1枚ポートフォリオ）をクラスメイトに見せ、評価してもらう。

③ ①と②を踏まえて単元全体の振り返りを記述する。

「基準」に基づいて評価するのは、大人にとってもむずかしいことです。教師である私たちも年度末の指導要録の記載にいつも悩まされているくらいですから、子どもたちであればなおさらです。自己を客観的に見られるようになるのが中学年の発達段階だとはい

**資料22 単元全体の振り返り**

「水はどこから」の学習をふり返ろう

1 学習の目ひょうをかくにんしよう

| | |
|---|---|
| ★ | ◎＋前までの学習も使ってまとめている。 |
| ◎ | 水源林、ダム、浄水場のことをつなげて問いについてまとめている。 |
| ○ | 問いと関係していて、正しく書けている。 |
| ▲ | 問いと関係なかったり、書く所をまちがったりしている。 |

「水はどこから」の学習をふり返ろう

2 友だちにワークシートを見せて、
よかったところを教えてもらおう。
→交代する。

| | |
|---|---|
| ★ | ◎＋前までの学習も使ってまとめている。 |
| ◎ | 水源林、ダム、浄水場のことをつなげて問いについてまとめている。 |
| ○ | 問いと関係していて、正しく書けている。 |
| ▲ | 問いと関係なかったり、書く所をまちがったりしている。 |

①学習目標（☆・◎・○・▲）はどうだったか、友達に聞いた意見も参考にしながら、振り返りましょう。（なぜそう思ったのか理由も書く）。

⑲第2章の97頁で紹介したEさんは、「どうすれば◎を達成できそうか」といった学習の目標を意識して学習計画を立てており、「◎を達成することによって★の達成にもつながりそうだ」と見通しをもっていたことが特筆される。

え、そうできる子はけっして多くはありません。

加えて自己評価は、あくまでも「事実」に基づいて自分を客観視しなければならないわけですが、「情意」の部分が強く出すぎてしまうといったむずかしさもあります。

こうしたこともあって、殊に単元全体を振り返るときには、クラスメイトとペアで評価し合う（他者の視点を自分の評価材料にする）といった活動を挟んでいるわけです。その際、お互いに「学習の目標」と照らし合わせながら、主に「よかったところ（成果）」に着目して伝え合うように促しています。

（前述したように）自己評価を行う「目的」は、単元を通して「自分はどのようなことをがんばれたか」「自分はどのような点で成果があったのか」を確かめることにあります。それなのに、問題点ばかり挙げてしまう（あるいは、指摘されてしまう）のであれば、（たとえそれが望ましい改善の視点たり得ても）達成感や自己効力感を味わえず、学習に対して前向きな気持ちになれません。

社会人とは異なり、子どもの学びはどちらかというと、反省から改善点を見いださせるより、よい点をさらに充実するといったポジティブな気持ちで改善していけるようにするほうがいいと私は考えています。

**資料23**は、そのようにして記述した子どもの振り返りです。

Ａくんは、調べたことをつなげられたことに成果を感じて「◎」と自己評価しています。さらに、「★」にしていくために、今後「東京都の地形」に着目して既習を活用することを考えています（**資料23―１**）。

**資料23―１　子どもの振り返り**

◎たとおもいましたなぜならじょうすいじょうとダム水源林をつなげられたからです。★になるために前の学習もつなげてやりたい。例えば地形の勉強の時の西と東の様子とかもしらべられたらいいなと思った。

**資料23―２　子どもの振り返り**

◎だと思うなぜなら星に達するためのこれまでの学習を繋げることはできなかったけど水源林、ダム、浄水場の学習をつなげることはできたから、次にもっといい★になるためには、今回の水はどこからの学習や東京との様子、三年の学習をうまく使い、やっていきたいです。

**資料23―３　子どもの振り返り**

◎だったと思います。なぜなら、誰が何をしているかのところでは、水源林では、雨水を濾過してダムに届けたことと、ダムでは水をきれいにするための検査、浄水場では、いらないものを沈め、匂いを取り除き消毒をしたことを書いたからです。★にするために勉強に繋げて考える。例えば、今回の勉強では地形の勉強などを使って考えたいです。

Ｂさんは、次の学習で「★」になるためには、本単元で学んだことを生かしていくことが必要だという認識をもっています（**資料23―２**）。この記述から、学びの連続性を意識して取り組もうとする態度が育っていることがわかります。

Ｃさんは「◎」にした理由を詳細に書いており、深く思考しながら『なにとなにを』『どのようにつなげて』考えていたのか」といったことを言語化しようとしている様子がうかがえます（資料23─3）。

## 2　相互評価を通して自分に合った学習改善の基準をつくる（国語「書写」）

書写では、たとえばへんとつくりのバランスを取るために、各部分の大きさや形を意識しながらバランスよく書くことが求められます。しかし、（習字を習い事としている子でもない限り）バランスよく書ける子などいませんから、みなそれぞれにアンバランスです。

といっても、どの子もみな同じようなところでバランスを崩しているわけではありません。右払いや止め、半紙に対する文字の大きさなど、アンバランスな箇所は一人一人違っており、なにがどうバランスを崩しているか、当の本人も無自覚です。そこで、この無自覚を自覚化することをめざして行ったのが、第2章で紹介した書写の実践です。

まず、自分の書いた字とお手本の字とを見比べます。次に、黒板に貼りつけたクラスメイトの字（希望制で選ばれた字）とお手本とを見比べながら学級全体で話し合い、「上手に書けるようになる視点」を見つけていきます。

「林」の字のときには次に挙げる視点が見いだされました。

●まっすぐの線がちょうどよい長さになっている。
●半紙のなかで、最初に筆をおく場所をしっかりと決める。
●縦に突き出る部分が短くなりすぎない。

次に、クラスメイトとペアになり、右の視点に基づいてお互いの字を相互評価します。その結果をもとにして「次に書く際には、どのように書けばよいか」を各自で考えて基準とし、それを意識しながら再び字を書きます。

このように「お手本との比較」→「クラスメイトの字との比較」→「視点の見いだし」→「相互評価」→「基準づくり」といった流れで個々に（他者とは異なる）自分自身の課題解決に向かっていける学習にしているわけです。その鍵を握るのはやはり、自己評価の精度です。[20]

このような学習の仕方は、「へんとつくりのバランス」を考えるという点では学級全体で取り組む課題解決になり、自分の改善すべき点を明らかにして取り組むという点では

⑳ただし、自己評価する技能が向上したからといって、すぐに字がうまくなるわけではない。なぜなら、筆を扱うのは（写実的な絵を描けるとか、早く走れるなどといった）技能そのものであり、修練が必要だからである。しかし、自分のならうべき基準が明確になれば、それ以前よりも上達することは間違いない。

個別の課題解決になるという意味で同時並行的です。手間暇を要する活動とはなりますが、子どもたちの学習改善に資する取組だと言い得るでしょう。

さて、ここまで自己評価の可能性について述べておきながらなんなのですが、こんな疑問をもつ方もいるかもしれません。

「いくら子どもが自分の活動を評価しようと、教師による評価（評定）と食い違えば、自己評価に意味を見いださなくなるのではないか（自己効力感どころか、モチベーションを下げてしまうのではないか）」と。

かつて1年生を担任したときのことです。「月間振り返り」という取組を行ったことがあります（第2章の142頁以降で紹介した取組のアナログ版）。学級目標と照らし合わせ、月初に「自分ががんばりたいこと」を書かせ、月末に「実際にがんばれたか」を（「学習の目標」と同じように）「★、◎、〇、▲」を書かせる取組です。

すると、教師の目には達成できていないように見えていたものの「◎」と記す子や、逆に達成できていたように見えていたのに「▲」と記す子が現れます。この点だけをとらえれば、自己評価などに意味はないかのように思われるでしょう。しかし、この取組を継続しているうちに、子どもたちの姿に変化が現れはじめました。

たとえば、「縄跳びを10回跳べるようになる」と書いていた子が、中休みになると校庭に飛んでいって縄跳びをはじめたり、「授業でたくさん手を挙げる」と書いていた子が手を挙げたりするようになったのです。

といっても、縄跳びの子は10回にはなかなか届かないし、もう一人の子も自分で書いたほどにはたくさん手を挙げていたわけではありません。しかし、子どもの目の色が以前とは明らかに違う。

なぜ、自己評価を行うことを推奨しているのか。それは、学習を自己調整するスキルを身につけ、自由自在に行使できるようになるために必要だから、というのが本書で取り上げている趣旨です。それに加えて、**子どもの自尊感情、自己肯定感、自己有用感をできる限り引っ張り上げることを私は重視しているのです。**

子どものなかでもし、自分自身のチャレンジを通して本物の自尊感情、自己肯定感、自己有用感が育まれているのだとしたらそれでいい（むしろ最高）、子どものほうも、自己評価より教師の評価が低いと感じたら、「先生のアドバイスより、もっとよい方法がある」「自分はもっとできる」と思ってくれればいい、それくらいに考えています。

もっとも、こうした子どもたちをつぶさに見てきているのが担任である私です。その私が評価（評定）によって子どもたちのモチベーションを下げたくはありません。できるだけの配慮をします。

（これまで述べてきた）日々の価値づけはもちろんのこと、観点別学習評価であれば「主体的に学習に取り組む態度」に反映させることができるし、教科外の活動であれば総合所見などで価値づけることができるのですから。

長きにわたって中教審委員を務められた安彦忠彦氏も、ご著書（『自己評価―「自己教育論」を超えて』図書文化社、1987年）のなかで、およそ次のように「振り返り」「自己評価」「めあて」の重要性を指摘しています。

- 幼時から常に自分の言動を見直し、振り返らせるように注意する。
- 自己評価による「自信」の創出に努める。
- なにか一つ「めあて」となるものを決めさせて、それの実現に向かって個人的な努力を絶対評価させるプログラムを組む。

## 自己調整学習と教師の手だての整理

ここで改めて「自己調整学習」を支える3つの要素を挙げます。

**【動機づけ】**目標設定や学習の見通しをもつ、自己効力感を感じる、学習への期待感を高めるリソース

**【学習方略】**自分の目標達成に向けて必要な学習とはなにか、どうすればその学習に着手し、継続的に行っていけるかを明らかにするための戦略的メソッド（教師による関与がとくに必要となる要素）

**【メタ認知】**学習の進捗や成果、課題を認識し（モニタリング）、よりよいものになるよう行動につなげる（コントロール）ためのアビリティ

こうした要素と、これまでに述べてきた子どもの自己調整スキルを磨く手だてを重ね合わせると、次のように整理することができると思います。

### ①　柔軟に学習環境を整えることで子どもの学びの幅が広がる

校舎の構造上、オープンスペースではなくても、学習内容に応じて教室内に複数のブースを設置するなど柔軟にすることで、子どもたちにとって学びやすい学習環境をつくることができます。また、子ども自ら学習を管理したり友達と協力したりすることについては古くから重視されてきましたが、ＩＣＴを活用することでより効率的かつ効果的に行えるようになります。

② 自分の学習を俯瞰できるようになる

「ＯＰＰＡシート（１枚ポートフォリオ）」などを用いることで、見通しをもって学習を進められるようになり、本時の学習のみならず単元全体の学習を俯瞰できる（振り返りを書ける）ようになります。ここでいう見通しとは、学習内容だけでなく「これからどう進めていくか」といった学習方法も含みます。

また、単元の学習を終えた後のＯＰＰＡシートは、教師にとっては有益な評価資料となり、子どもにとっては以後の単元の学習で既習活用する際の学習履歴となります。

③ 振り返りが習慣化する

自ら学習を進め、各種の課題解決を図るうえで必要となる材料（「問い」「学習の目標〈自己評価基準〉」「調べまとめる視点」など）を過不足なく提供することによって、子どもは自分が調べ考えたことに対する振り返りの精度が上がります。また継続的に行うことによって振り返りの（必要性というよりも、そうすることの）価値（学習の有意味性）に気づいて習慣化します。

④ 集団のあり方を共有できるようになる

教師が学級としての学びの方向性を共有できるように環境を整え、適切にサポートすることができれば、子どもは自ら「学習する集団」を形成していきます。そのための道しるべとなるのが「学級目標」です。日常的な生活態度のみならず、教科の学習、教科外の学習と紐づけることによって、お互いにかかわり合う学びに対して価値を見いだすようになります。

やがて、「自分の力で学ぶのはおもしろい」だけでなく、「自分の足りないところはクラスメイトが補ってくれる」「困っているクラスメイトがいれば手を差し伸べてあげたい」といった気持ちが生まれ、個々の学習がより活性化します。

## ⑤　継続的な自己評価によって単元目標の実現につながる

「学習の目標」をよりどころにすることによって、個々に自己評価を行いやすくなります。また、この「学習の目標」は（教師の意図が入っていながらも）子どもとの話し合いによって決めるものであり、どの子にも共通する基準となるため、自己評価の軸がブレない点も特徴的です。

仮にもし、こうした基準がないままに自己評価を行おうとすると、実質的に子ども同士の相互評価があまり意味をなさなくなります（「わたしはこうだった。あなたはそうだったんだね」と互いの違いを指摘し合う活動にとどまってしまうからです）。

加えて、そもそも「学習の目標」は、教師が作成する単元の評価規準と対をなすものなので、子どもが「学習の目標」を意識しながら学習を進めれば、おのずと単元目標の実現に近いていきます。

## 学習方略にかかわる教師の関与

可能な限り子どもに学習を託すことを重視する私ですが、先述した「学習方略」にかかわる部分については、教師が関与する割合を高めたほうがよいと感じています。そこでここでは、この点について述べたいと思います。

### 1　間違いに気づけるようにする

たとえば事実誤認や思い込み、偏った情報などによって、自分の考えをつくるスタート地点を誤ってしまうことがあります。これはボタンのかけ違いのようなもので、いくら自己調整するスキルを発揮しようとも、その単元で必要とされる理解に届くことはありません。

そのため、いくら子どもに学習を委ねるといっても、明確な「間違い」は修正するよう教師が働きかけなければなりません。といっても、教師による関与は間接的にとどめたい私は、「Aくん、ここの記述は間違っているよ。正しくは○○だから書き直してね」

などと促すことはしたくありません（ときには、直接的なほうが効果が高い場合もあるし、そうせざるを得ない場合もあります）。

そこで、次のようにクラスメイトの手を借ります。

「Bさんも同じようなことを調べていたから、一緒に内容を確認してみるといいよ」

「Aくんのココの記述で気になるところがあるから、Cさんちょっと見てあげてくれる？」

## 2　つまずきを見取る

子どもたちは、自分で立てた学習計画にそって情報を集めます。しかし、集めた情報には往々にして過不足があります。自分が考えをまとめるのに余計な情報が加わっている場合もあれば、必要な情報が抜けている場合もあります。ほかにも、必要な情報を見つけ出せずにいる場合もあります。このように、「自分は次になにをすればよいのか」（学習内容）を見いだせていても、学習方略にかかわる知識やスキルが不足していると、「どうすればよいのか」がわからず手が止まってしまうのです。

4年社会科「水はどこから」の単元を例にすると、「だれがかかわっているか」の欄に、肝心の「人」が抜けているケースがありました。このときには、「ここに書く『人』

って、たとえばだれのことが載ってた？」などと積極的に声をかけていました。

また、必要な情報を見つけられずにいる場合には「なにに困っているの？」と声かけたり、まとめるために邪魔になりそうな情報が列記されていれば「たくさん情報を見つけられたね。じゃあここからは『問い』にすごく関係がありそうな情報に絞っていこうか（あるいは、あまり関係なさそうな情報は消していこうか）」と声をかけたりします。

子どもの調べるスキル、調べたことをまとめるスキル、自己調整スキルなどが十分に育っていない段階ではなおさら、教師によるサポートが欠かせません。もし、この段階で必要な手を差し伸べなかったら、自分の力では抜け出せないメビウスの輪にはまったまま、学習すること自体をあきらめさせてしまうでしょう。

## 3　クラスメイトの学びをモデル化する

「個別追究」の時間などは、子どもたちがそれはもうそれぞれに学習を進めているので、教室に入ってきた参観者にとっては、「子どもたちがいま、どんな学習をしているのか」がよくわからないといったことがあるでしょう。しかし、担任する教師にとっては話が別です。

担任の目には一人一人の子どもがいま「どんなことに取り組んでいるのか」「困ってい

ることはなにか」がとてもよく見えています。このように書くと、不思議に感じるかもしれませんが、自分が主導する授業を行っているときよりも、はるかに子どもの学習状況を把握しやすいのです。

これはひとえに、学習の「目標」「問い」「視点」「基準」を子どもと共有できているからですが、学級会スタイルの授業であれば、発問などによって子どもの学習コントロールをしなくともよいことで一人一人に視線を向ける余裕をもてることや、ＩＣＴ活用によって子どもが入力した情報をシームレスに確認できることが大きいと思います。

それはさておき、３年「市（世田谷区）の様子の移り変わり」で紹介したＢさんが、「土地利用」についてまとめた記述から、「交通」にも着目していることに気づきました。「この記述は『情報を関連づける』という意識を他の子どもたちにもってもらえる絶好のチャンスだ」と判断した私は、Ｂさんの記述内容を紹介し、それをなぜ取り上げたのかを説明しました。すると、多くの子がハッとした表情を見せたと思ったら、Ｂさんのまねをしてタブレット機器に入力しはじめました（モニター上で一括表示される子どもの記述が続々と書き替えられていく様子は、なかなかに壮観です）。

このように、特定の子どもの学習状況を周囲に紹介することによってモデル化する試みは昔からありますが、前述したように自己調整学習とＩＣＴ活用によって、以前よりも即時的で効果的に行えるようになったように感じます。

## 4　子どもたちが自ら「問い」を立てられるように教師が導く

4年社会科「ごみの処理と再利用」（第2章の123頁）では、「新たな問い」に取り組む子どもたちの姿を紹介しましたが、この「新たな問い」にしても「なんでも好きにしていい」としていたわけではありません（もしそうしていれば、単元目標に向かわない「問い」がたくさん生まれていたでしょう）。

このとき、私が関与したのは「問いの範囲」です。単元目標のよりよい実現に向かうように（これまでに子どもたちが考えてきた「問い」の延長線上に位置づくように）拡張したわけです。具体的には、「解説社会編」に事例として示されている「下水道」の範囲に収まるように「新たな問い」のベースとなる考えを示し、そのうえで、子どもたちに問いの設定を委ねたのです。[21]

理想としては、教師が「問いの範囲」を定めなくても、本単元の学習理解をより促進させる「新たな問い」を子ども自らが設定できるほうがよいに違いありません。実際、そうできる子もなかにはいます。

しかし、小学生の段階では、教師が積極的に学習方略に関与するほうが、子どもたちのモチベーションは上がるように思います。「自分の力でできる、仲間がいればもっとできる、そうなれるように先生が自分たちの学びを導いてくれる」こんなふうに思えることが、子どもたちのチャレンジ精神に火をつけてくれるのです。教師による関与が間接的であるほどに、子どもたちの心理的安全性を高めてくれるからなのでしょう。

＊

子どもたちが成長し、やがて独り立ちして、自分自身や、自分にかかわる人たちを幸せにするための「問い」をつくれるようになったら、本当にすばらしいと私は思います。

㉑ここで設定したのはあくまでも「新たな問い」であって、「新たな目標」ではない点に着目してほしい。つまり、単元の途中で違う学習をもち込んだわけではなく、本単元の理解をよりいっそう深めるために、子どもたちの関心の範囲を広げることを目的としている。

# おわりに

いまでも鮮明に覚えている授業があります。

教育実習生のときに参観した授業で、道徳でした。

授業の冒頭、教師が黒板に「ペットショップで売られている動物や昆虫の値段」を書くと、子どもたちが次々に言葉を交わしはじめました。


「いいな、犬を飼いたい」

「コクワガタって100円なんだ。安いね」

「うちで飼っている猫って10万円だったんだよ」

その間、教師は一言も話をしません。

あるときふと、一人の子が次のように言い出しました。

「あのさ、なんで動物の値段って違うんだろう」

するとと子どもたちは、「命には、重さの違いがあるのだろうか」という問いについて語り合いはじめました。授業の雰囲気が変わった瞬間です。

「貴重とか、高級とか、そういうことなんじゃない？」
「値段が違うけど、命に差ってあるのかな…」

やはり教師は一言も話をしません。そうするうちに、授業が終わってしまいました。

教師が行ったのは、黒板に「動物や昆虫の値段」を書いただけ。
発問も指示もない授業です。
しかしそこには、「子どもが自らの力で学習を進める姿」がありました。
このとき、私は思ったのです。
〝自分もいつか、こんなふうに学び合える子どもたちの前に立てる教師になりたい〟
それは、憧れにも似た気持ちでした。

それから20年もの月日が流れます。

私自身、試行錯誤しながら「学習の仕組みづくり」に取り組んできました。そのうちに、「なにを理解できるようにするか」という考え方から、「よりよい学び方を身につけられるためにはどうすればよいか」という考え方に変わってきたように思います。

あの日に見たあの授業とは違うかもしれないけれど、「一人一人が何度もチャレンジしている姿」「計画を見通して『今日のうちに先に進めておこう』とする姿」「自分なりの意図や目的をもって取り組んでいる姿」に触れることができて、よろこびをかみしめています。

本書を執筆するに当たっては、たくさんの方からアイデアをいただきました。

殊に、中田正弘先生（白百合女子大学教授）におかれては、「エージェンシー」について学ぶ機会をいただいたことに加え、講師として本校の社会科授業づくりにかかわっていただき、子どもの真の主体的な学びについてご指導いただきました（その成果は、令和5年度の全国小学校社会科研究協議会東京大会でお話いただいています）。この場を借りて感謝申し上げます。

また、私と日々かかわってくれている子どもたちと保護者のみなさま、たくさんの実践アイデアを共に磨き上げている本校の先生方に感謝申し上げます。

加えて、本書を企画してくださった東洋館出版社の高木聡さんに感謝申し上げます。本書は、私が教師としてこだわってきたことの一つである「学習の自己調整」について考えをまとめる機会となり、たいへん励みになりました。

そして最後に、「子どもに学習を委ねてみたい」と願うすべての先生方へ。

本書がその一助になりましたら、望外の幸せです。

令和6年2月吉日　横田　富信

# 横田 富信（よこた・とみのぶ）

東京都世田谷区立代沢小学校指導教諭

1979年生まれ。東京学芸大学教育学部中等教育教員養成課程社会専攻卒。日野市、杉並区、世田谷区立小学校を経て、令和4年度より現職。東京都教職員研修センターや各地区での研修会・研究会等で、小学校社会科の授業づくりや学級経営について講師を務める。国立教育政策研究所「評価規準、評価方法等の工夫改善に関する調査研究（令和2年、小学校社会科）」協力者。［主な著書］『社会科が得意な先生・子どもも、苦手な先生・子どもも、授業がおもしろくてたまらなくなる本』（東洋館出版社、2022年）、『子どもが進んで学び出す　小学校社会　問題解決的な学習の支え方』（明治図書出版、2022年）『黒子先生の見えざる指導力』（東洋館出版社、2020年）

## 子どもの自己調整スキルを磨く

個別最適な学びと協働的な学びを根底から支える


2024（令和６）年２月10日　初版第１刷発行
2024（令和６）年７月26日　初版第２刷発行

著　者　横田富信
発行者　錦織圭之介
発行所　株式会社　東洋館出版社
〒101-0054　東京都千代田区神田錦町2-9-1
コンフォール安田ビル2階
代　表　TEL 03-6778-4343
営業部　TEL 03-6778-7278
振替　00180-7-96823
URL　https://www.toyokan.co.jp
装　幀　中濱健治
印刷・製本　藤原印刷株式会社

ISBN978-4-491-05427-8　Printed in Japan